トップアスリートに学ぶ活躍できる人の条件

非認知能力

NON COGNITIVE SKILL

やり抜くことのできる人、できない人の差

中田 仁之
Hitoshi Nakata

Clover クローバー出版

まえがき

本書は、なぜアスリートが、この「数値では表すことのできない能力」に秀でているのか、そして、誰でもその非認知能力を育み、鍛え、身につけられるのかについて、営業・人材育成等のコンサルティング、リーダー育成プロジェクトの開発、アスリートのネクストキャリアを教育から就職・独立まで一貫して支援する者として、あまたのアスリート事例と研究により解説しています。

トップアスリートに学ぶ活躍できる人の条件、「非認知能力」の磨き方がズバリわかります。

野球、サッカーをはじめとする球技、短距離やマラソンなどの陸上競技、さらに水泳、体操、自転車競技、武道・格闘技、スキーやスノーボード、アイススケートといったウィンタースポーツなどなど、日本でも海外でも、ざっと200種を超えるスポーツが行われ、それぞれのスポーツではプロ・アマのアスリートが活躍しています。人気の高いスポーツでも、そうではないスポーツでも、多くのアスリートが現役時代、それこそ身をこがすほどの情熱を傾けています。

ところが、どんなアスリートにも現役を引退するときが訪れます。そして、次の道を模索していくことになります。これをアスリートの「セカンドキャリア」、あるいは「ネクストキャリア」という言い方をすることがありますが、まず、私はできればこのような呼び方で、アスリートの現役引退後の道を語ってほしくはないと思っています。

これらの言葉には現役時代の能力やスキル、実績などは次の道ではあまり役に立たず、まったく別の能力やスキルを求められるかのような語感があります。しかし、そんなことはありません。スポーツを通じて身につけたさまざまな能力を、ビジネスの場でより存分に発揮して取り組んでいけばいいのです。

アスリートの持つその卓越した能力の一つが、「非認知能力」であると私は考えています。これは数値化して測ることのできない能力のことですが、彼ら・彼女らは非認知能力、いわば「生き抜く力」を十分に培《つちか》ってきました。ビジネスはスポーツを現役でやっていたとき以上に、その能力を存分に発揮できる場です。その意味で、現役時代と引退後は

「別の道」ではなく、一人ひとりのアスリートの人生において地続きのものなのです。

実は「まえがき」をまとめている2023年3月、WBC（ワールド・ベースボール・クラシック）において日本が14年ぶりに優勝を果たしました。その優勝は、技術力の高さとともに、栗山英樹監督をはじめ、侍ジャパンの各メンバーが持つ、もう一つの卓越した能力が存分に発揮された結果だと思います。その、もう一つの卓越した能力こそが「非認知能力」。この能力が存分に発揮され、日本国中が感動・共感の渦に巻き込まれたといってよいでしょう。

この非認知能力は侍ジャパンだけに備わっているものではなく、多くのビジネスパーソンに不可欠な能力であり、今後持ち得る能力です。この能力をビジネスに活かすことで、その会社・メンバーは卓越した成果をあげられると確信しています。

2023年3月

中田仁之

第2章　辞めたあとに発揮される経験で得た能力

第3章 最新テクノロジーに負けない能力

第4章 社会人基礎力と非認知能力

第5章 非認知能力の鍛え方

第6章　器の大きさに比例して人は集まる

プロローグ

ビジネス最強の武器「非認知能力」

■チャンスを活かせる人、活かせない人

かつて2人の大学野球経験者である若者に出会いました。その一人、A君は、「僕の人生、20歳がピークでした」と語る青年でした。彼は高校野球で甲子園に出場し、鳴り物入りで名門大学へとスポーツ推薦で進学しました。もう一人のB君は、甲子園には県大会で敗退。しかし野球への夢を捨てきれず2浪のすえ大学に進み、大学野球でチームや仲間にも恵まれ才能が開花し、活躍が期待される若者でした。

チャンスは誰の前にも平等にあります。野球であれば、うまければうまいほどチャンスは〝転がっている〟とさえいえます。ところがA君は、鳴り物入りで進学したものの、チ

ャンスを活かせないままでした。一方のB君は、チャンスを本当に活かせるかどうか、大学に進んだ時点ではなんともいえなかったのですが、少なくともその時点では「活かすべきチャンスをつかんだ」のは確かでした。

A君は、あせり、もがき、ついに練習過多が原因で野球ができない身体になってしまいました。その後大学も中退し、アルバイト生活をしていたときに知人の紹介で私と出会った。冒頭の台詞《せりふ》は、その出会いの日に彼が私に放った一言です。

一方のB君は大学野球で優秀な実績を残し、一流企業に就職。その後、私と会う機会はほとんどありませんが、きっとビジネスでも仲間に恵まれ活躍しているでしょう。

■自分の能力に気づいたときがスタート

「あの頃がピークだったよ」

野球でも、サッカーでも、陸上競技でも、元スポーツ選手にはそう語る人がたくさんいます。しかし、それは本当のことでしょうか。私は「ピークという経験があってこそ得られた経験や知恵がある。そして、その経験や知恵が生む能力は必ず次に活きてくる」と考えています。

私はA君から冒頭の言葉を聞いたとき、すぐに反論しました。

「そんなことはないよ。確かに野球選手としてのピークは20歳だったかもしれないが、人生はまだまだ、これからがスタートだよ」

私は、A君との1 on 1のセッションをスタートさせました。

「きみは野球から何を学んだ？」

「野球のおかげでいまの自分があるとしたら、その最たる部分は何だろう？」

「野球をしてきて本当によかったと思えることはどんなこと？」

さまざまな問いを投げかけ、彼はそれを言葉にして返していく。この〝言葉のキャッチボール〟を何度も、何度も続けました。と同時に、ビジネスの基本や社会のルール、これから求められることなども一から教えていったのです。

気持ちの切り替えができたA君の呑み込みは、スポンジに水が吸い取られていくように早く、次々と自分に求められることを吸収していきました。きっと彼は野球を通じて、理屈では理解できない、打てば響くような適応力やアスリート・マインドとでもいうべきものを身につけていたのでしょう。

■基本の大切さを身体で理解している

スポーツでもビジネスでも、あるいは人生においても「基本」が大切です。そしてスポーツ選手は皆、基本の大切さを頭、理屈ではなく身体で理解しています。ともすれば退屈で単調な基本練習を毎日繰り返し、基本を身につけたうえでその技術を応用し、技を磨いていく。基本がしっかりとできているからこそ、応用を利かせることができる。チャンスという言葉でいえば、スポーツでもビジネスでも基本練習を繰り返すことによって自分の前に「チャンスが転がっている」ことを知り「チャンスをつかむこと」ができ、基本が身につき応用できることによって「つかんだチャンスの活かし方」が理解できるのです。

A君と1 on 1のセッションを繰り返し半年ほど経ったある日、彼は私にこう言いました。

「中田さん、ビジネスと野球って、実は共通点がいっぱいありますね！」

人は、自分で気づき見つけた答えは忘れないものです。A君は私とのセッションを通じて、ビジネスの判断・意思決定の場面でも有用な「置き換えのスキル」を身につけました。これは野球にたとえたら？　ビジネスにたとえたらどういうこと？　と視点の切り替え・置き換えが素早くできるようになり、そのスキルを通じて、〝壁〟を乗り越えるために必要なものを瞬時に見つけだす力が身についてきたのです。それはつかんだチャンスを活かす力ということもできます。

■「非認知能力」は人間関係のなかで養われる

A君の例は彼だけの話ではありません。これまでの人生において、一度でもスポーツに熱中した経験のあるすべての社会人は、ある能力をすでに持っています。その能力とは「非認知能力」です。非認知能力とは、

意欲、協調性、粘り強さ、忍耐力、計画性、自制心、創造性、コミュニケーション能力

といった、測定できない個人の特性ともいえる能力のことです。

非認知能力は学力のように、独りで勉強して身につけられるものとは異なり、学校では部活動や課外活動など集団行動のなかでの困難や失敗、挫折などの経験を通して養われるものが多いとされています。また、社会に出たあと、学力だけでは対応できない問題に直面したとき、「自制心」や「忍耐力」が必要になるとも考えられています。

■スポーツ経験で培った力をビジネスに活かそう！

私は、大学まで野球を続けてきました。大阪の公立高校から一浪のすえに関西大学へ進み、体育会準硬式野球部に所属しました。プロ野球から声がかかるような選手ではありませんでしたが、大学4年生の秋に大学選抜に選ばれ、「ＪＡＰＡＮ」のユニフォームに袖を通し、海外遠征も経験しました。

卒業後は野球から離れ、一部上場企業の営業職として約20年間鍛えていただき、２０１２年に独立しコンサルティング会社を立ち上げ、同時に中学女子硬式野球の指導にたずさわる機会も得ました。会社員として、経営者として、また野球の指導者として多くの場面でスポーツとビジネスの共通点を見いだし、視点を置き換え、幾多の苦難を乗り越えてきました。また、非認知能力の一部ともいわれる「共感力」の専門家として、2018年に『困った部下が最高の戦力に化ける すごい共感マネジメント（ユサブル刊）』を上梓、非認知能力をマネジメントに活かす方法についてまとめました。

そんな私だからこそ、お伝えしたいことがあります。

本書は、これまでの人生においてスポーツに熱中した経験のあるすべての社会人に、すでに身につけている非認知能力のパワーに気づき、活かし方を学び、いま以上に豊かな人生を送っていただきたいと願い、まとめたものです。万人にチャンスはある、基本を身につけることでそのチャンスをつかむことはできる、しかしそのチャンスを存分に活かすには、「非認知能力」が欠かせないということです。

第1章

非認知能力は「判断力・実行力」の源泉

非認知能力＝「生き抜く力」「やり抜く力」

人間の能力として、知能指数（ＩＱ、Intelligence Quotient）すなわち学力・知能を数値化して表すことができる能力は一般に広く知られています。

「あの人、天才だね。きっとＩＱはそうとう高いと思うよ」

こんな具合に、日常会話でもよく見聞きすることでしょう。このＩＱは数値化できる能力で、一般的には学力、また他人でもどの程度の能力があるかが数値でわかるという意味で「認知能力」と呼ばれています。

■数値化できない能力

一方で、認知能力と対比して、非認知能力といわれる能力も多くの人には備わっています。**非認知すなわち数字で表すことのできない能力**のことです。

非認知能力はテストや検査などで数値化することができないものであるため、具体的に「○点だ。Aランクだ。トップ3％だ」などと把握したり、指し示したりすることはむずかしいものです。

そこで、非認知能力がどのようなものか一例を挙げておきましょう。いわば「生き抜く力」として示されるものです。次ページ図のような各種能力を挙げることができます。

生き抜くうえで必要な賢さ

文部科学省もこの非認知能力を認知能力すなわち学力とは異なるものとして重視し、「生き抜く力」と表現しています。

そして**私は、アスリートこそ、この非認知能力が高いと感じている**のです。

もちろん、アスリートのなかには勉強ができて知能指数（ＩＱ）が高い選手もたくさん

非認知能力とは「生き抜く力」

自己認識
自己肯定感の強さや物事を最後までやり抜くことができる能力

意欲
物事に対するやる気や集中力、学ぼうとする姿勢

忍耐力
うまくいかないことや壁にぶつかっても、粘り強くがんばれる能力

セルフコントロール
自分を律する、感情をコントロールする能力

メタ認知
物事を客観的に見てそこから学習し、判断し、実行する能力

社会的能力
リーダーシップ、仲間とともに物事を成し遂げる協調性や思いやる能力

対応力
起きてしまった出来事から学び、応用する能力

クリエイティビティ
新しい方法を創造したり、よりよいものに工夫したりする能力

います。認知能力にすぐれたアスリートです。ところが、アスリートを広く見ると、

・認知能力にすぐれ、かつ非認知能力にすぐれた人物はたくさんいる
・認知能力にすぐれ、かつ非認知能力が劣るタイプの人物は少ない
・認知能力が劣り、非認知能力がすぐれたタイプの人は少ない
・認知能力が劣り、非認知能力も劣るタイプの人はほぼいない

このように感じます。全体的に見ると、**アスリートは非認知能力が高い**傾向にあるように感じます。

皆さんの子どもの頃を思い出してみてください。小学生の頃、頭がよくて運動のできない子は確かにいました。でも、子どもの頃は、運動ができて頭の悪い子は少なく、皆それなりにかしこい子が多かったのではないでしょうか。

それは、大人ではどんなタイプの人物でしょうか。わかりやすくいうと、

「学校の勉強では超優秀とはいえなかったのかもしれないけれど、生きていくうえで頭の回転が速かった」

と思われるような人たちです。

確かに、大人になってプロアスリートが引退して医師や弁護士になったというケースは多くはないかもしれません。ところが、「若い頃はスポーツが大好きだった」という医師や弁護士には人間性の豊かさを感じさせる人が多いように思います。

また、アスリート経験を経て飲食店のオーナーになり、そのお店が繁盛店になったり、社会経験が少ないにもかかわらず、営業マンとして一定以上の成績を収めることができたりといったケースはたくさんあります。それは、単純に学力、点数では示すことのできない非認知能力の高さが関係しているのでしょう。

スポーツが得意で勉強が苦手だった子は、スポーツ以上に一生懸命勉強をしなかっただけだと思います。

非認知能力は「素直さ」に宿る

アスリートが非認知能力にすぐれていることは、多くのアスリート自身が証明していま す。ところが、残念なことに**「非認知能力が備わっていること」**を、**肝心のアスリート自身が自覚できていない**ケースが非常に多いのです。

ですから、私は本書を通じて、

・非認知能力とはどのようなものか

ということをまず理解してもらい、

・その能力がマインド（意識・精神）としてアスリートには備わっている

ということを最初に自覚してもらいたいと考えています。

■「助けてもらうことは恥ずべきことではない」と思えるか？

アスリートには、非認知能力が備わっている！　このことを現役のアスリートにも、元プロスポーツ選手などにも理解していただけたら、次はそれを最大限に活かさなくてはいけません。能力を活かし、発揮するときに、とても重要になってくる資質があります。それは、**その人が本来持っている「素直さ」**です。

素直さがあるかどうか。多くのアスリートは厳しい練習やトレーニング、命をかけた勝負を受け入れ、乗り越えてきたのですから、本来、どんな物事も受け入れる懐《ふところ》の深さや素直さを持っています。ただし、それを自覚し、発揮できるかは別の次元の話です。

私はプロ野球をはじめ、多くのスポーツの選手の生活や生き方そのものを見てきました。引退し、その後、飲食店やスポーツスクールなどを自分で始めた元プロ選手の仕事のアドバイスもたくさん行ってきました。そのなかには、素直に他人に教えを請うことができない人も確かにいて、さらにはことごとく事業に失敗してしまい、最終的には撤退を余儀なくされてしまった人もいました。

考えてみれば、確かにそれもそのはずです。いままで野球やサッカーしかやってこなかった人間が、いきなりお店や会社を経営し、集客や集金をしていかなければいけない――。そうなったら、**どれだけ元プロ選手として名前が知られていようと、新たな道で素直に教えを請わなければうまくいくはずがない**のです。

ある元プロ野球選手は、現役時代は自分より格下でも早くに起業し、事業が軌道に乗っていた選手に、素直に事業を軌道に乗せる秘訣について聞いていました。このように現役時代は格下、しかも自分より若い人にも教えを請うことができる**素直さのある人だけが、次の成長、成功を手に入れることができる**のです。すなわち、これまで培ってきた生き抜く力を発揮することができるのです。

事業を軌道に乗せ、次の成長を実現している元スポーツ選手は皆、わからないことがあれば、「教えてください」と頭を下げる素直さを持っています。新しい道では自分が〝新参者〟であり、未経験者であることを自覚しているのです。その素直さを持っている人、「教えてもらい、助けてもらうのは恥ずかしいことではない」と自覚している人は、多くの人に助けられ、将来にわたって信頼され続け、物事をスムーズに進めていくことができています。

みずからが持っている非認知能力を発揮するために必要なものは、プロ選手であった現役時代のプライドや名声ではありません。**わからないことはわからないといえる、また教えを請うことができる素直さ**なのです。

■「ありがとうございます」と素直に言えるか？

その人に素直さがあるかどうか。アドバイスされる側に比べてアドバイスする側は、その人に素直さがあるかどうかを思いのほか実感しています。

私が学生時代、後輩にアドバイスしたとき、相手が「そんなこと、わかっていますよ」と思っているか、「教えてくれてありがとうございます」と感謝の気持ちを持っているかは、顔を見ればわかりました。

後者のように**感謝の気持ちを持っている人は、他の人からもたくさんのアドバイス**

をもらえるようになります。そのアドバイスを吸収し、さらに成長していくことができるのです。

多くのアスリートは、最初に基本をしっかりと学びます。そして、その基本をもとに、自分の型をつくっていきます。そのとき基本から離れていく人がいます。そして、自分が見えている人と見えていない人、すなわち素直にアドバイスを受け入れる心がある人と、自分の型に固執してアドバイスを受け入れることもできなければ基本に立ち返ることもできないような人に分かれてしまうのです。

素直にアドバイスを受け入れる心がある人は、**他の人からアドバイスされたときも、「ありがとうございます」と自分の型を矯正することができます。**ほんの小さなフォームの矯正でも、それができる人とできない人によっては、3年先、5年先の成長の大きな分岐点になるのです。

非認知能力とPDCAサイクル

そもそも非認知能力とは、生まれ持った素質によるところが大きいのでしょうか、それとも後天的に育てることができる能力でしょうか。私は後者、「育てることができる能力」と捉えています。

今日、非認知能力は特に幼児教育の分野でとても重視されています。生まれてから学校に入るまでの幼児期、学力すなわち認知能力を身につける前の時期に、集団での外遊びや水遊びなどを楽しみ、また絵を自由に描かせるなどのいわゆる情操教育というものを行っていくと非認知能力が高まるといわれています。

■さまざまな感情の積み重ねが非認知能力のタネ

では、なぜスポーツをすると非認知能力が高まるのでしょうか。

それは中学・高校という若い頃、人によっては小学生や幼児など幼い頃から、親でもない人の指導を受けたり、仲間とともに一つの目標に向かって努力を重ねたりしていくからです。**他者と交わって喜怒哀楽、さまざまな感情を積み重ねる過程が、非認知能力を高める要因**なのです。

これは子どもの頃から学生時代におけるスポーツを通しての要因ですが、大人、社会人になってからでも非認知能力を高めていくことは可能です。

たとえば、ダイエットや筋力トレーニングをイメージしてください。まず大きな目標として、

「1年のうちに5キロやせるぞ！」

「半年で体脂肪率を5％減らしたい」

などのゴールを設定するはずです。そして、その大きな目標を細分化し、

「１か月後までには2キロやせよう。その体重を維持するために日々の食事とトレーニングはこうしよう」

などと、自分のなかでゴールまでのプロセスを管理していきます。ゴールまでの道のりの途中、うまくいかない場合は、やり方を改善していくこともあるでしょう。

ここまでお話しすると、もうお気づきの方もいると思いますが、**非認知能力はＰＤＣＡ（Plan・Do・Check・Action）サイクルを自然に回すことにつながる**のです。そして、ＰＤＣＡを繰り返すことによって、より向上していくのです。

スポーツにおいても、目標を決めて、達成に向けて努力する。努力した結果を見て、改善をするというＰＤＣＡが常に行われています。

このサイクルこそが、非認知能力の向上には欠かせないのです。

注目度を増す非認知能力

日本が非認知能力の重要性を感じ始めたのは、実は2000年代に入ってからです。そのキッカケは、2006年に発表された「ペリー就学前プロジェクト」と、その一連の就学前の児童に対する社会実験でした。

ちなみに、ペリー就学前プロジェクトとは、1962年から1967年にかけて、アメリカで行われた就学前教育の社会実験のことを指します。

この社会実験からどんなことがわかったのでしょうか。実は点数化できない部分によって培われる能力が、人の一生を左右するかもしれないと多くの人が気づいたのです。

■「我慢」だけでは非認知能力向上の一助にならない現状

ペリー就学前プロジェクトは、教師一人に児童5・7人と比率を低くした学校教育を平日午前の2時間半提供し、毎週家庭訪問を行うプログラムで、このようなプログラムに登録されなかった同じような子どもと比較することによって成果を測定しようとしたものです。この社会実験の一つに、「マシュマロ実験」というものがありました。これが実験内容として最もわかりやすいと思われるので、かいつまんで説明しておきましょう。

数名の子どもにマシュマロを与え、それを「先生が部屋に戻ってくるまで、食べちゃダメよ」と子どもに伝えて先生は部屋をあとにします。ところが、なかにはどうしても我慢できず、先生が帰ってくる前にマシュマロを食べてしまった子どももがいました。

この実験を一定規模で行い、マシュマロを食べずに我慢できた子どもと、そうでなかった子どもに分け、子どもたちのその後を追跡してみると、我慢できた子どものほうが大学入学率や年収が高かったという結果が出ました。

この一連の社会実験の発表を受けて、日本でも非認知能力を重視するようになったのです。

こうした社会実験については、確からしさや手法などに関して賛否両論があります。ですが、一面の真理をついていると私は感じています。それは**幼児期に非認知能力を育むことはコストパフォーマンスがよい**こと、もっとありていにいえば、「我慢は人を育てる」ということです。

もちろん我慢の功罪についてもいろいろな意見があります。我慢できる子がかならず立派に育つというわけではなく、我慢させることの弊害、文字どおり〝我慢の限界〟もあるでしょう。それでもなお、「我慢は人を育てる」という教訓めいた事実は、我慢が集団活動における協調性や個人の努力、何かを達成した喜びなどにつながることで、一面の真理をついているように思うのです。

ところが、現在の日本はもちろん諸外国でも、子どもに外遊びさせようとしても、公園に集まってすることといえば携帯ゲームなどで、なかなか非認知能力を高める手助けにはなりにくいのが現状です。

社会全般を論評するのは本書の目的ではないので、「ペリー就学前プロジェクト」に関してはこのくらいにしておきますが、非認知能力を重視するようになったのはごく最近のことであり、そこにはキッカケがあったということだけは覚えておいてください。

そして一つのことにみんなで取り組んだり、外を自由に走り回ったりすることができにくく、そうしたことが大事だという発想を育むことができにくい現代の環境のなかで、**スポーツをする、スポーツで競い合うことは、非認知能力を向上させるとても有効な手段**だということも覚えておいていただきたいと思います。

プロセスのなかにこそ生まれる力

私も非認知能力をスポーツから学んだ一人です。私の場合は野球を6歳から22歳までの16年間やってきたのですが、その環境にはライバルがいたり、怖い大人がいたりと、いろいろな人と接することができました。

そのような関係のなかで、理不尽に思えることもたくさん経験してきました。しかし、それら困難な状況に直面するたびに、我慢したり、どのように乗り越えようか考えたり、ときには仲間と助け合いながら状況を打開してきました。

これは私が特別な経験をしてきたわけではなく、スポーツをしてきたアスリートならば皆、口を揃えて、「そんなこともあったな」と思えるような、スポーツの世界ではごくあたり前の出来事なのです。

■野球そのものではなく、「野球から得たもの」が大事になる

私が大学を出て社会に出たとき、こんなことがありました。

入社した初日に上司から、

「きみは野球をやってたんだってね。でも、どれだけ肩が強かろうと足が速かろうと、会社ではそんなのいっさい関係ないからね」

といわれました。私は心のなかで、「そんなことは百も承知だ」と思っていましたが、その話には続きがありました。

「でも、野球を16年間続けてきて、そのなかで得たものはかならずあるはずだ。それは会社のなかでも活きるものだから、がんばりなさい」

と。私はそのとき、あらためて素直に「社会に出てがんばりたい。自分には積み重

ねてきた学力とは別の能力があるんだ」ということを自覚することができました。

たとえば、いわゆる学力や偏差値においては、その高さに期待する人がいる一方で、その高さには期待せず、高いレベルに到達するまでに得た我慢やがんばる心、忍耐力、克己心に期待する人がいます。それはスポーツでも同じことなのです。サッカーでもバスケットボールでも陸上競技でも、国内外の大会に出場したり優秀な成績を収めたりしたことではなく、そのプロセスに期待する人がいます。そして、その**プロセスには非認知能力の醸成がある**のです。

超一流大学出身者ばかりを採用している会社の経営者に、こんな話を聞いたことがあります。

「学歴や頭のよさには、実はあまり期待していない。それが活かせる仕事もそれほどないしね。ただ、超一流大学に入学するまでがんばったという〝**努力する能力**〟**は信頼しているし、期待もしている**んだよ」

きっと、その経営者は、仕事において非認知能力がいかに重要かを理解しているのでしょう。

競技の種類から見えてくる非認知能力の特徴

「スポーツで非認知能力を育みましょう！」

このような趣旨のことを述べてきましたが、スポーツにも団体競技や個人競技などさまざまな競技があります。

確かに競技によって育まれやすい非認知能力に違いはありますが、特別に、この競技が非認知能力を育てるうえですぐれているとか、この競技では非認知能力は育たないといったことはありません。

ここで競技によって育まれやすい非認知能力の特徴を見ていきます。

■状況把握能力、実行力、遂行力。団体競技による違い

まずは団体競技の特徴です。**団体競技はまず「組織として動く」力が身につきます**。自分が配置されたポジションで与えられた役割を果たすことに長けてくるので、「仲間と一緒に目標を達成する」力が身につき、その状況で非認知能力の強みを活かすことができるのです。

この団体競技も、二つのパターンに分けることができます。一つはサッカーやラグビーなど、試合中に監督やコーチの指示が入りにくく、選手たちの判断によって試合が進んでいくスポーツです。

このパターンの競技では状況判断が早くできるようになり、選手は会話することに長けてくると〝アドリブに強い〟人間になります。試合中でもプレースピードが速く、監督の指示を待っている時間がないので、とにかく**自分で状況を把握し、いま何をするべきかという判断をすぐに下すことができます**。最近は自律型人間・自走型組織といった表現もありますが、会社という組織でも、上司の指示を待たずにみずから行動に移す力を身につけ

ていくのです。

もう一つ、野球やバレーボールといった、試合の流れに比較的、途切れる時間がある団体競技です。これらのスポーツの選手は**監督の指示をしっかりと聞き、理解し、実行に移せるのが強み**です。

これらのスポーツはサッカーなどとは異なり、サインプレーなどを忠実に実行できる選手がよい選手と定義されることが多いです。そのため、会社の組織内では「上司の指示をしっかり聞いて、それを忠実に実行に移せる」という非認知能力に長けています。

■個人競技は判断力が研ぎ澄まされる

もう一つの競技パターンとして個人競技があります。そのなかでも柔道や卓球といった対戦相手がいるスポーツの選手は、とにかく対人関係に強いです。

試合の形式上、相手の表情やしぐさをよく観察する習慣が染みついているので、営業や仕入れなどの対人交渉の場面において、何を優先したらよいか、何を突破口にすべきかなどを**駆け引きし、即断即決する非認知能力を発揮します。**「決断と実行」は企業経営における重要な要素ですが、そういった非認知能力を身につけているのです。

もう一つは、陸上競技など自分の記録を伸ばすことで勝負するスポーツです。

ここまで例に挙げてきたスポーツは、いずれも仲間がいたり対戦相手がいたりと、「人と何かをする」ことに関して強みを持っていました。ところが、陸上競技などの記録で勝負するスポーツをやってきたアスリートは、常に対戦相手や仲間がいるスポーツとは趣《おもむき》が異なり、コツコツと誠実・着実に積み重ねていき、**最終目標から逆算して「いま、何をすべきか」を判断できる人材に育つ**のです。

実は陸上競技には大きな試合、大会が年に3回ほどしかなく、選手はそれ以外の期間には、自己ベストを更新できるようコツコツと練習を重ねてきた経験があります。この経験は社会に出ると、我慢強さという非認知能力となり、粘り強く仕事をこなしていけるという強みになって発揮されます。

スポーツ、アスリートとひとくくりにしても、実はそれぞれの選手が取り組んできたスポーツによって、どのような非認知能力がすぐれているかが少しずつ変わってきます。その点、ただ単に「スポーツをやってきたから非認知能力が高い」という認識しかないと、本人も周りの人も、その人の能力を余すことなく発揮したり、発揮してもらうことができなくなってしまう可能性があります。この点は、留意しておきたいところです。

■間の取り方、ポジショニングからわかる非認知能力

皆さんも、プロの試合のあとのヒーローインタビューを見たことがあるでしょう。そこにも競技によって培ってきた非認知能力の違いが見てとれます。

たとえば、プロ野球選手の場合、インタビュアーが質問すると、多くの選手が「そうですね～」などとあいづちを入れて答えます。ところがサッカー選手では質問に間髪入れずに即答する人が多いようです。

これが身につけ培ってきた非認知能力の違い、優劣ではなく違いなのです。プロ野球選手は「間《ま》を大事にすること」を覚え、相手の求めること、さらにチームメイトの

ことも考え、熟慮してから答える。プロサッカー選手は「間を相手がつけいる隙と捉えて排除する」ことをまず覚え、アドリブとインスピレーションで〝舞い降りてきた言葉〟で即答していくのです。

プロアスリートが一堂に会する大きなパーティでも、野球やバレーボールの選手は会場の周りを陣取ります。ところがサッカーやラグビーなどコンタクトスポーツの選手は会場の中心にどんどん入っていきます。

このように自分の立ち位置が異なるのも、競技の特性の違いによって身につけた非認知能力の違いということができるでしょう。

非認知能力を高めるためのスポーツの役割

競技によって強く表れる非認知能力があるように、性別によって、もしくはお国柄の違いによって差はあるのでしょうか。この点を述べると、性差別や人種差別と受け取る向きもありますが、私は自分の感じるところを率直に述べていこうと思います。

■性別による「納得する力」の相違

男性は上下の指揮命令系統があるなかで指示を出されると、とりあえず、

「はい！」

と答えて作業に移ります。ところが、女性の場合は同様の指揮命令系統があるなかで指示があっても、簡単に指示どおりに動くとは限りません。女性は何か指示をされると、「なぜ、それをしなければならないのか」

という疑問を男性よりも抱きやすいのかもしれません。また、その指示が出た理由、背景に理解・納得できるものがないと動きません。**きっと男性よりも女性のほうが「なぜ？」という理由を求める感情・感覚が研ぎ澄まされている**のでしょう。

上司に何か指示されたとき「えー、なんで〜？」と思ってしまう女性と、「とにかくやらなきゃマズイだろ」と思ってしまう男性の違いなのかもしれません。

このような傾向はスポーツの現場でも同じようにあります。私はレディースの野球チームの監督を務めていましたが、その一例です。

スポーツの一場面でよくありがちな、

「試合に負けたからダッシュだ。走ろう！」

ということをこのチームでも行ったのですが、レディースの選手たちは、

「なぜ、走らなきゃいけないのですか?」

と疑問に思うのです。これが男性のチームの場合、単純に、

「試合に負けたから走れ!」

といえば、文句をいいながらも、

「はい!」

といって走り出すのですが、女性の場合は「なんで?」と疑問を抱き、すぐに行動には移さないのです。しかし走る理由を、

「後半のパフォーマンスが落ちたのが負けた要因の一つだから、そこを改善するために走ろう」

などしっかりと説明し、納得できると女性は動いてくれます。しかも、女性のほうが納得して行動し始めたときは男性よりもよいパフォーマンスを見せてくれるのです。

■海外に学ぶスポーツをするための仕組みづくり

海外と日本では、スポーツの取り組み方にも違いがあります。

オーストラリアやニュージーランドなどでは、学期ごとに取り組むスポーツを変えていくということが一般化されています。たとえば1学期はバスケットボールを行い、2学期は野球をやろうということが普通なのです。いろいろなスポーツに取り組むことによって、さまざまな非認知能力を伸ばすことができるのが利点でしょう。

しかも海外では、子どもたち全員が試合に出場できるような仕組みをつくっています。たとえばバスケットボールで50人の子どもが集まったチームがあるとすると、1試合でフィールドに立てるのが5人で、サブを入れても6人が出場することになります。そこで、50人の子ども全員に出場機会を与えるために、一つの団体で8チームくらいつくり、出場させるのが海外の主流になっているのです。

一方、日本では一つの部活に100人以上の選手が在籍しているケースも一般的です。たとえばサッカーではそのなかでフィールドに立つことができるのが11人、ベンチメンバーを入れても、公式戦に関わることができるのはせいぜい20人前後です。つまり、残された80人近い選手がスタンドで応援していることになります。

公式戦の機会を奪われることは、選手個人にとってゴールを奪われることと同じ。すると、サッカー部に所属していても、非認知能力を育むのに必要なＰＤＣＡを繰り返す意味がなくなってしまいます。そうなると、子どもたちにとってスポーツに取り組む意味が見えなくなってしまう。ここは、日本の子どものスポーツ、部活のあり方として改善するべき点の一つだと私は思っています。

ある高校の強豪サッカー部では5軍まであるのですが、1軍の選手は部費、遠征費、医療費などがすべてタダだそうです。それを負担しているのが2軍以下に属している選手の家庭という仕組みになっています。この仕組みをよしとするか改変するべきかは、さまざまな観点から検討する必要がありそうです。

〝壁〟を乗り越える気持ちを育む

海外のように子どもの頃からいろいろなスポーツに取り組むことによって、自分はどのスポーツが得意なのか知ることができれば、控えに回ることも少なくなるでしょう。また、1軍、レギュラー選手ではなくても、一つの団体でたくさんのチームが公式戦に出場できるようになれば、部活動でスポーツを続けていく意味も大きく変わることでしょう。

たとえば部活動も、一つではなくいろいろな部活をかけ持ちする。そんなことがあってもよいのかもしれません。

■視野を広く！　得意なスポーツに挑戦することで能力向上

私の友人に、取り組むスポーツを変えて成功した選手がいます。

その選手は中学時代、野球をやっていて、足がとても速かった。ところが、速すぎてベースをうまく回れずに思うような結果を出せていませんでした。

そこで中学3年生の秋には陸上部の助っ人で駅伝大会に出て、それを見た強豪校のスカウトがこの選手に声をかけ、推薦で高校に進学。記録も順調に伸びて、大学では箱根駅伝を走るまでに成長しました。

偏った見方をせずに、いろいろなスポーツに目を向けることがいかに重要かということがわかる一例です。

■「逃げグセ」をつけないための辞め方

広く各種のスポーツを体験することは重要ですが、私の考えとして、特に日本のように転部・兼部が仕組みとして成り立っていないうちは、「辞め方」については本人にケジメをつけさせたほうがいいと考えています。

ポイントは「逃げの姿勢」があるかないかです。

「いま、やっているスポーツも楽しいけど、こっちのスポーツもやってみたい」と**ポジティブな感情で異なるスポーツに取り組んでいくのは大いによいこと**だと思います。しかし、単に何か嫌なことから逃げたい、苦しいことから逃げたいから別のスポーツに移行するというのはおすすめできません。

まず、「嫌なこと、苦しいこと」が本当に理不尽なことによるのであれば、そのことを改善するのが先決です。そのうえで、本人の気持ちに寄り添って考えてみる。いまの苦しいことから単純に逃げても、次に行った先で壁にぶつかったときに、また逃げる姿勢を見せてしまい、〝逃げグセ〟がついてしまう可能性があるからです。

そういうとき私は、

「いまある苦しいことを乗り越えてから、次へ行こう」

とアドバイスするようにしています。自分ではどうにも解決しようのない苦しみなのか、それとも自分で乗り越えるべき苦しみなのかを見極めることはむずかしいのですが、そこは周りの大人が手助けしてあげるべきだと考えます。

第2章

辞めたあとに発揮される経験で得た能力

目に見えるもの以上に得られるものの価値

スポーツをやっていて「得られるもの」と「失うもの」を考えてみましょう。まず、スポーツにおける「技術」は誰かから得られるものですが、「培った非認知能力」はその人だけのもの、自分だけに備わったものです。

その非認知能力を身につけていく過程でお金や時間を使う（失う）ケースもありますが、それは「自分の時間やお金」を失うだけと捉えるべきです。

■成果のプロセスで得られる〝もう一つの能力〟

では、厳しいトレーニング、勝敗、記録の更新によって何を得られるか。直接的に得られるのは、そのスポーツの技術・スキルといったもののほか、体力（筋力）、実績、メダルなどの目に見える成果です。

しかし、それらの成果を得る過程では、人は目に見えないさまざまな能力を獲得します。それが生き抜く力、非認知能力と呼ばれるものです。やっている過程で獲得できるものを目的にするのは本末転倒な面もありますから、目的にすべきではありません。目に見える成果の獲得に向けて努力し、そのことによって〝もう一つの能力〟が培われていくと考えるべきです。

なお、非認知能力は前述したとおりさまざまなものがあり（26ページ参照）、人によってどの能力が強いか、逆にどの能力が弱いか、どの能力を伸ばし得るかなど、特に幼児期にはその人オリジナルの分析評価ができるグラフもつくれるようになっています。

すると、

「この子はこの能力が弱いから、そこを伸ばそう」

とつい考えてしまうかもしれません。しかし、協調性が低いからといって、

「では、協調性を伸ばしましょう」

と安易に考えるのは、平均学力を伸ばそうとする大人の考え方です。手段を目的視することになり、非認知能力を伸ばす観点からはふさわしいとはいえません。

その子がその子なりに培ってきたオンリーワンの非認知能力があるのですから、たとえば、協調性よりリーダーシップがすぐれているのであれば、「そのリーダーシップを伸ばすことで協調性の大事さに気づく」と考えたほうが素直です。

そうやって非認知能力は獲得していくものであり、結局そうやって培っていったほうがビジネスの世界でも通用すると考えています。

■目標を設定し、そこにこだわる本当の理由

若いアスリートを指導する立場ですぐれた人、特にアマチュアスポーツのすぐれた指導者は、「本当の目標」というものを見失うことはありません。

たとえば、出場する大会でも「金メダル」や「優勝」を目標に掲げる選手、コーチ、監

督がいて、そうした目標を設定することはとても重要です。しかし、それを勝利至上主義とすると浅薄な捉え方になってしまいます。

アマチュアスポーツのすぐれた指導者は、「金メダル」や「優勝」という目標志向を明確に打ち出さず、一方で〝仲よしクラブ〟では何も育たないことを理解しています。**目標にこだわるからこそ、「何のために、誰のために」ということも含めた目的志向が身についてくる**のです。

勝つというのは一瞬の出来事で、その一瞬の感動を求めて長い間努力することの大切さをアマチュアスポーツのすぐれた指導者は理解しています。選手たちにも伝え、選手たちもそれを理解しています。甲子園の常勝校の監督や箱根駅伝の常連校の監督の方々と話をすると、その〝すぐれたる所以《ゆえん》〟がよく理解できます。高校野球でいえば、仙台育英高校や大阪桐蔭高校の監督も選手も皆「甲子園は目標であるけれど、ゴールではない」ことをよく理解しています。それぞれの高校の監督は、「甲子園のあとも、きみたちの人生は続く。だから、高校の3年間を通じて、野球を通して人格形成しよう。**周囲のためにがんばるとか、感謝する心とか、それらをしっかりと身につけるためには本気でめざす目標がいる。**だから、甲子園をめざそう！」

といったことを選手にしっかりと伝えているのです。

■経験、人脈、仲間。非経済的な価値がビジネスに反映

アスリートにとって「非認知能力」とはどのようなものか？　私自身も、

「私はアスリートとしてこの非認知能力を身につけた」

と明快にいえるようなものはありません。しかし、それを「経験」といい換えることはできます。

「この経験が○○力となっていまに活きている」

という表現です。

経験はアスリートにとって一生の宝物です。一流のプロアスリートともなれば、優勝したときに獲得した金メダル、給料やスポンサー費などで貯めたお金などが宝物と思われが

ちですが、聞いてみると、やはり**経験がいちばんの宝物**だそうです。特に金メダルを首にかけてもらった瞬間のその景色、そこに至るまでに積み重ねてきた挫折や努力、それを乗り越えた先に得られる勝利の瞬間……、そのすべてが経験という宝物になります。おそらく**経験という宝物に比べたら、金メダルそのものは自分の経験を他の人に示すためのツールでしかない**のかもしれません。

実際に北京オリンピックのソフトボールで金メダルを獲得した女性アスリートが、私のプログラムの受講生にいます。しかし、彼女自身は実業団に所属しているので、給料自体は実業団の給料であり、さほど多くはなく、金メダルがお金に換わるかといえばそういうものでもありません。それでも、

「金メダルを獲得するまでの経験は、何物にも代えられない財産だ」

と話しています。つまり、お金や金メダルなど目に見えるものではなく、経験などの非経済価値の高いものが宝物だということです。

仲間や人脈もこの非経済価値になります。たとえば引退をして自分で事業を行う場合、アスリート時代に出会った仲間や知り合った人と一緒に仕事をしたり、誰かを紹介してもらったりというケースが多々あります。早稲田大学や慶應義塾大学など有名大学の野球部だと、その野球部人脈のなかで仕事が回っていることもあるようです。

つまり、**人脈がアスリートの引退後の人生において仕事やお金を生む土壌のようなものになる**のです。経験によって得てきた非経済価値が、結果として経済価値を生んでくれる。たくさんの**挫折や成功を経てやり抜く力を兼ね備えた協調性という非認知能力を磨き、そのなかで出会った人脈を活かして活躍していく**というのが、アスリート引退後の成功の一つの道になるのです。

引退時に見つめ直す「本当の自分」

どんなに能力があるアスリートにも、引退のときは訪れます。学生の場合は最後の大きな大会が終わると自動的に引退となるので、引退ということを選手たちは受け入れやすいでしょう。

しかし、プロアスリートの場合は大会の節目や自己申告で引退できる選手は非常に少なく、ほとんどの選手がチームや実業団からの〝クビ〟宣告での引退になります。クビ宣告の要因として多いのは、新しい選手の入団です。要は自分よりもいい選手が入ってくるから「あなたは要りません」と告げられるわけです。

■プロとアマ――「引退」の事情は違えど、見つめる先は自分

プロとアマで引退はどのように違うかを、野球を例に見てみましょう。

プロ野球12球団の場合、スカウトと連携して新しい選手がピックアップされます。たとえば今年獲得したい選手が8人いるとします。その選手たちと同じポジションの選手についてそれぞれ絶対評価を行い、能力が低いと判断された選手がクビになるわけです。

この場合、クビになる選手は、「まだ自分はできる」と思っている選手がほとんどなので、気持ちと現実の折り合いをつけることができず、いちばんつらい引退のしかたになってしまいます。なかなか受け入れることができないため、その世界にとどまろうとする人もたくさんいます。

一方、アマチュアリーグである独立リーグでは、プロ球団とは違う基準で選手を獲得する場合もあります。試合に勝てるように選手を獲得するのはもちろんですが、そ

れとは別に、「プロ球団に送り込めそうな選手」という基準で新しい選手を獲得することもあるのです。

したがって、球団によってはチーム内に年齢制限を設けて、その年齢までにプロから声がかからなかったら、ケジメをつけるため潔《いさぎよ》く契約満了となる場合もあります。この場合は学生と同じく終わりがはっきりしているので、ここを一つの区切りに引退を決意する選手もいます。

また、引退時期に関しては結婚などのライフイベントも深く関わってきますし、引退後はスポンサー企業への就職を勧められることもあります。ところが、まったく引退後の進路が決まらず、ハローワークへ通うことになる選手も少なくありません。

独立リーグでスポンサー企業への就職が少ない理由として、特にその地にゆかりがない選手が多いことがあります。ある地方へ野球しにきたのはいいけれど、いざ引退となると、「地元へ帰ります」というケースも多く、チームとスポンサーの利害が一致していないのが実情なのです。

球団の広報やコーチとしてそのまま残ってほしいといわれるケースもありますが、

それもごくわずかなのが現状で、多くの選手が引退後は就職活動をしなければいけません。

この引退のときに、多くのプロ・アマアスリートは「自分はそのスポーツで何を学び、何を培ってきたのか」と内省します。そのとき、「本当の自分は何か」といったことに考えが及ぶのです。

記憶された能力「非認知能力」を活かすためには

引退に際して非認知能力が〝武器〟になるか否かについて、アスリートの宝物は経験ですから、経験という「記憶された能力」の面から考えておきましょう。

学力に代表される認知能力は、比較的忘れるのが早い短期記憶に分類されます。その短期記憶とは異なり、非認知能力は長期記憶に分類されます。

非認知能力は長い時間のなかで得た経験やトレーニングから身につけるもので、しかも体力とか筋力とは異なるものであり、大人になってもなかなか色褪《あ》せることのない能力なのです。

■長期記憶があることを、自覚できているか

長期記憶は、実は短期記憶の繰り返しによって身につくもので、野球でいうと、キャッチボールやバッティングです。最初はうまくできないけれど、何度も繰り返していくうちに短期記憶が長期記憶、すなわち基礎的な技術であったり個々人のバッティングフォームやクセとなったりして身体に染みついていきます。われわれ日本人が日本語や箸の持ち方を忘れないのと同じです。

大事なことは、誰もが持っているこの能力を自分自身が自覚できているかどうかです。自覚できていると、たとえば仕事などでつらいことや苦悩に見舞われたときに、高校時代や大学時代のことを思い出し、

「あの頃こんなことがあったけど、乗り越えてきたよな」

と課題を解決するためのヒントや解決法の〝引き出し〟を過去の経験からたくさん引っ張り出すことができます。しかし、自分の持っている非認知能力を自覚できていない人は、自分が持っている引き出しに気づくことすらできないのです。

自分自身が持っている非認知能力を自覚している人は、プライベートにも違いが表れます。自覚している人は、プライベートを包み隠さず的確に表現する**自己開示能力にもすぐれている**のです。一例を紹介しましょう。

元サッカー選手の石川直宏氏は、特にこの能力にすぐれています。もともと彼は謙虚なタイプではなく、どちらかというと〝イキがっている〟タイプの選手でした。しかし、彼の現役生活は順調なものではなく、現役中に膝に7回の手術を経験しました。その経験があったうえで、ケガでの挫折や試合に出られていないのに応援してくれるファンの方々に支えられ、だんだんと〝丸く〟なっていったそうです。

そのような経験を通して彼は素直な自分を大事にして非認知能力を磨き、引退の際にはチームから、

「クラブ・コミュニケーターという役職に就いてほしい」

と打診されました。

驚きなのが、もともとこのクラブ・コミュニケーターという役職はなかったのです。

ところが、チーム側が石川氏の人間力に惚れ込み、新しくチームにつくった部署・役割なのです。

この部署はチームと地域の架け橋になることが主な役割です。石川氏は地域の農家とのコミュニケーションを深めるために、一緒に農業をしたりファンミーティングを開いたりして、ファンの方々と意見交換などを行っています。

この役職が石川氏にとって適している理由として、人間力があるというのはもちろんですが、**プライベートを周囲に包み隠さず的確に表現する自己開示能力の高さ**があります。

もともと石川氏は、趣味のバイクでツーリングしているところなどのプライベートを、SNSなどを通じて発信していました。トップアスリートともなると、なかなかプライベートで何をしているか見せようと思う人は少ないものです。プライベートをさらけだすと、

「叩かれるのではないか」

と心配する選手も多いのでしょう。選手によっては、実際にSNSに何か投稿する

と、

「そんなことしてないで、練習しろよ！」

などとコメントされるケースもあります。

その点、石川氏はツーリングしている姿をＳＮＳに載せても、そんなことはありませんでした。それは石川氏が普段から見せる謙虚な姿勢と人間力の賜物といえます。

ビジネスとプライベートの両方とも包み隠さず的確に表現できる、そんな人間になるには、**常日頃から自分の非認知能力を自覚し、なおかつ素直に相手と接することが重要**だと石川氏から学ぶことができます。

第3章

最新テクノロジーに負けない能力

人望が得られれば、人や情報、お金はおのずと集まる

人や情報、お金が集まる人には「人望」があります。よく勘違いされがちなのですが、「人気＝人望」ではありません。人気というのはどちらかというと憧れや一緒にいて楽しいというイメージですが、人望があるというのは一緒に仕事ができそう、仕事をやったら充実しそうというイメージがあり、「信頼」に近い概念です。

■アスリートの素直さが人望につながる

人望がある人の例として、「人の痛みがわかる」「見えないところで親切にしてくれる」

ということが挙げられます。「自分がいないところで自分のいいところを周囲に語ってくれていて、それが耳に入った」など、そういうことによって人望が生まれてきます。素直さが人望につながっていった例を一つ紹介します。

知人にある元プロ野球選手がいました。高卒でプロの世界に入り4年間の現役生活のなかで1軍で出場したのは1試合だけでした。

彼はそのチームをクビになり、まず焼肉屋さんでアルバイトを始めます。

「閉店後、なぜ椅子をテーブルに載せるのか、そんなことも知らなかった」

床の掃除のためですが、当時を振り返って笑いながら語ってくれました。

ところが彼はその店で仕事の腕を上げ、数年後には店長になっていました。生まれつきの素直さが奏功したのでしょう。独立し、ジムやエステサロンなど新規事業にも進出するようになったのです。

彼の**素直さは経験を積むにつれ人望へと昇華していきました。**野球選手としては人気はなかったかもしれませんが、一生懸命でずるさがない。特に年上の方から可愛がられ応援してもらうことができ、信頼関係を着実に築いていったのです。

「プロ野球を引退し焼肉店にアルバイトとして入ったのは、小学1年生の少年野球のチームに入った感じ。バイトリーダーになれたことが小学6年生で、それは少年野球の中心選手。社員になれたことが中学の野球部に入ったこと、そろそろ高校野球で甲子園をめざそうと思える頃に独立した。そして、実際に高校やプロ時代の先輩に応援してもらっている。このような感じで、自分のビジネススキルを野球にたとえて見てきたんです」

彼はそう答えてくれました。きっと、独立したときに自分のスキルや事業を振り返り、できそうな新規事業にトライしていったのでしょう。ジムやエステも、みずから取り組むというより先輩などに物件や資格者を紹介されて「これなら、できる」と本気になったようです。まさに、人望のある人に人や情報が集まってくる好例です。

■人気＝人望ではない！

人気があるのか人望があるのか、それはアスリートのほか、アイドルなどの芸能の世界でも大きく差が出てきます。

アスリートやアイドルも、現役時代に必要なのは間違いなく人気です。アスリートやアイドルは特に、実力に直結した人気が欠かせません。しかし、人気があるだけでは引退した途端にファンが離れていきます。そして引退後の仕事につながらずに困ってしまうというケースもあります。

一方、現役生活のなかで人望を得た人は違います。人望のあるアスリートは、引退後に自分でお店を始めようとすると周囲の人が誰かを紹介してくれたり、支援してくれたりと、さまざまな方面から助けてくれます。

アイドルでも人望があるアイドルは、アイドル活動を終えたあとバラエティ番組に呼んでもらったり、コメンテーターとして活躍したりする人もいます。

ですから、**現役時代は人気があることは大切だとしても、そのなかで人望を獲得していかなければならない**のです。

■一流のアスリートだからこそ陥りやすい罠

人望がある人の特徴として、素直で他の人に応援してもらいやすいということはもちろん、「決断力」や「行動力」といった非認知能力があります。

ところが、実はプロアスリートでも受け身の人が結構います。これは決断力などとは真逆の特徴です。

では、なぜ非認知能力が高いアスリートに、受け身であるという特徴が出てしまうのでしょうか。それは学生時代から自分で進路を選ぶという決断をすることが少なかったからだと私は考えます。

一流のアスリートになるような選手たちは、学生の頃から常に推薦で進学をしてきました。特に最近はその傾向がますます強くなっているようです。つまり学校側から、

「ぜひ、わが校に来てください」

といわれて高校・大学へと進学してきたので、常に受け身の姿勢で進路を決めてきた。そのためアスリートに受け身の特徴が出てしまうのです。

引退して初めて受け身ではなく自分で行動し、次の職や役割を探さなくてはいけない状況になるのですが、ずっと受け身で生きてきた選手ほど引退後も誰かが手を差し伸べてくれるだろうと思い、自分から行動できずに待ってしまうのです。

その理想と現実のギャップに苦しめられるアスリートは少なくありません。そして受け身のアスリートには人や情報、お金が集まったのは現役時代のみで、人望に欠ける引退後は現役時代の見る影もない状態になってしまうこともあります。

■勝ち負けではない、本当の意味の目標を見つめ直す

「次」を決められない、かつては人望に欠けていたアスリートの例です。

野球選手で、引退後、監督の勧めた一流会社に勤めた後輩がいます。立派な会社に入社できたのはいいのですが、入ってみると、どうもイメージと違い、相性が合わないようでした。

「辞めたいけど、監督の顔が頭にチラついて辞められない」

とぼやいていました。きっと、辞めると大学や野球部の名にも傷がつくと考えていたのでしょう。私は彼に、

「いったい、誰の人生を歩んでいるの？　自分の人生は1回きりだから、昔世話になった人に忖度《そんたく》していたら、がんじがらめになってしまうよ」

とはっきりと答えました。その会社を辞めることが不義理なのではなく、辞めずに不本意な我慢を続けていることが不義理になるとも告げました。

彼は意思を固め、自分で選んだ別の会社に転職しました。その会社で彼は実績を上げたのです。

「自分で決めて動くことの大切さを初めて知りました」

彼は、当時を振り返ってそう語ってくれました。

加えていうと、彼は転職を決める前に、恩師である監督に転職の報告に行ったそうです。この報告をおざなりにしてしまう人もいますが、それが大事であることを、彼は大学まで

の野球人生のなかで十分に身につけていたのでしょう。

監督にとってみれば、この報告によって「きちんと義理を果たしてもらった」と考えることができます。

主観と客観を瞬時に見極めて判断する力が求められる

ここでは非認知能力の一つである「決断力」について深掘りしていきましょう。

前述したように、大人になるまでに決断を迫られてこなかった、自分で道を選んでこなかったアスリートは決断力が弱いのですが、引退後にはかならずその決断力が求められることがあります。

「では、どのように決断をしていけばいいのか」

ということです。

■「決断力」は自分軸＋他人軸で物事を決定し、みずから行動する力

AとB、二つの道があり、

「間違いなくBだよね」

という状況であれば、それほど決断力を必要としないのは明らかです。しかし、いまはAの道を選んでもBの道を選んでも、行き先や結果が不透明という時代です。

そこで、決断力が強い人はどのように道を選んでいるのでしょうか。

一つは自分軸です。自分としてはどっちを選んだほうが楽しそうか、ワクワクするかという基準で道を選びます。

もう一つは他人軸。どっちを選んだほうが周囲の人が喜ぶか、他人の力になれるかといった利他の精神で道を選ぶのです。時代が豊かになったためか、他人を大事にしながら生きていくことの重要性が増したためか、昨今は他人軸で道を選ぶ人も増えている傾向にあります。

二つの軸がありますが、共通していえることは目の前の利益を追ってはいないということ

とです。自分軸では「ワクワクするか」という充実感を追い求め、他人軸では「他人が幸せになるように」という基準で道を選ぶ。決断力が弱い人は、自分軸でも他人軸でも、少しおいしい話を目の前にちらつかされると、すぐに食いついてしまいがちです。すると、長い目で見てあまりいい道を選ぶことができなかったという結末が待っています。

したがって、**大事なのは自分軸でも他人軸でも、「自分で物事を選ぶ、自分から行動する」ということ**です。決断力というと自分軸が重要と思われるかもしれませんが、スポーツで本来培うことのできる「客観的にものを見ることができる力」、すなわち他人軸が「決断力」には非常に重要な要素だといえるでしょう。

■自分軸と他人軸のバランスから考える営業の極意

自分軸と他人軸について、私も営業マン時代に上司から教えられたことがあります。その一例を紹介しましょう。

その上司は入社して間もない私に、

「100円のものを120円で売りたい。それは自分軸、自社の利益を考えるとそのとおりだよね。でも、お客さまは100円のものを98円で買いたいと思っている。では、どうするか、どうやったらお客さまに喜んでもらえるか。そこが営業マンの腕の見せどころだ」

といったことを語ってくれました。自社の利益ばかり、すなわち自分軸でものを考えてばかりいたら、売れない営業マンになってしまう。お客さまのことばかり、すなわち他人軸でものを考えてばかりいたら、どんどん値引きするようになり儲からない。要は自分軸と他人軸のバランスが大事だということを、その上司は教えてくれました。

さらに、その上司は、バランスを考えたうえで、

「100円のものを100円で売るなら営業マンはいらない。100円のものを200円で売って、お客さまにも喜んでもらえることが営業マンとしては大事だ」

と教えてくれました。私はそのときから「高く売って、かつお客さまに喜んでもらえる」こと、いわば営業マンとしての付加価値を考えるようになりました。ずっと野

球ばかりやってきた私にとって、それはビジネス・営業の真髄、稼ぎ続けるコツといえることでした。

■“咄嗟《とっさ》の判断”こそ、スポーツ経験者の真骨頂

決断力にも結びつくことですが、アスリートは受け身であるかどうかにかかわらず、咄嗟の判断を無意識に行っています。**なぜ物事を咄嗟に判断することがアスリートは得意なのか。**それはトレーニングのなかで、長い時間をかけて反復練習を行っているからだと考えられます。

人は日々の生活で3万5000回から4万回、何かを決断しているといわれています。朝は何を食べようか、テレビは何を見ようかなど、小さいことも含めると、人はとても多くの決断を行っていることになります。

一般の人でもそれだけの数の決断を毎日行っているのですが、アスリートの場合はそれに加え、**トレーニング中に日常よりも多くの決断を、それこそコンマ何秒という世界で決**

断することを毎日のように行っています。そのため、咄嗟の判断が早く、しかもその判断を無意識に行えるのです。そんな一例を紹介しておきましょう。

野球を例に挙げると、ピッチャーがボールを投げてバッターが打つまでの時間が0・2秒だといわれています。バッターはその0・2秒の間にピッチャーがどの球種をどのコースに投げたのか、その球を打つのか打たないのか、打つならどの方向に打つのかなどを瞬時に判断します。無意識で行えるようになるまでトレーニングするわけですから、当然のように物事が起きてから何をすればよいかという咄嗟の判断は早くなります。

ビジネスの世界でも、すぐれた社長たちはこの咄嗟の判断が早いです。躊躇したり逡巡したりすることはありません。学生時代、スポーツをやっていたある社長は、

「物事を決める場合は、0・2秒以内に決める」

と語っています。まさにピッチャーが投げたボールを打ち返すように即断即決ですが、ゆっくり考え、あとで答えを出しても結果は変わらないそうです。それならば、

悩む時間がもったいない。選択肢としてAとBがあるなら一瞬で決める。もし本当に悩む選択肢があるとしても、その選択肢はいい方向には行かない可能性があるから、俎上《そじょう》に載せないわけです。

「いい選択をすることができるときは、そもそも目の前に選択肢が出た瞬間に腹のなかでどちらかに決まっている」

とも語っていました。

受け身のアスリートであっても、受け身以外の非認知能力は育んできているはず。自信を持って行った瞬時の判断はまず間違わないと、自分の決断に自信を持つことが大切です。

テクノロジーが進化するほど求められる能力

昨今、ＡＩ（Artificial Intelligence＝人工知能）やＤＸ（Digital Transformation＝進化したＩＴ技術を浸透させることで、人々の生活をよりよいものへと変革させるという概念）といったテクノロジーがどんどん進化し、われわれの生活を豊かにしてきました。

しかし、それはあくまでツールにすぎず、それを使ったり管理したりする人間がいなくなることはありません。

どんなに素晴らしいスマートフォンが販売されようと、それを使う人間がいなくては、そのスマートフォンはただのツールのままであるのと同じです。

■必要性を増す非認知能力に優れた人材

ビジネスの世界でどれだけツールが進歩しようと、たとえば人と人との商談で決まっていく営業職というものはなくならないと私は思っています。

何かを宣伝しようと思ったときにＳＮＳやインターネットを使った、いわば〝空中戦〟はテクノロジーを駆使することにより実現でき、システムが高度になれば、より効果を発揮できるでしょう。しかし、実際に顔を合わせる営業職のような仕事、いわば〝地上戦〟はテクノロジーによってかつてとは比べものにならないほど効率化してきましたが、解決できない、人にしかできない部分が残っています。

そう捉えると、**よい営業をするには非認知能力が絶対に欠かせない**ものであることがわかります。なぜなら非認知能力は数字で示すことができにくい能力で、一方のＡＩはコンピュータに依存するので、究極の認知能力が発揮された一つのかたちということができるからです。すなわち営業職はＡＩなどのツールだけではできないことであり、人間だからこそできる仕事といってよいでしょう。したがって、**テクノロジーが進化していけばいく**

ほど、数値化できない非認知能力が必要とされるのです。そのようなことを知らされた例を紹介します。

あるテレビ局のスポーツ担当アナウンサーから聞いた話に、興味深いものがあります。

「ソフトバンクやヤフーは世界でも屈指のテクノロジーを持った会社だけど、それだけではなく、地上戦ができる営業マンもしっかりしている会社ですね」

彼は、そう語っていました。

その点、どこの会社かは明言を避けますが、同じＩＴ業界大手でも、ソフトバンクやヤフーと同じくらいすぐれたエンジニアが揃っていても、地上戦ができる営業マンが少ない企業の業績はかなり厳しいそうです。

「それが原因で、ＩＴ業界でも大きな差が生まれてきてしまったんですね」

とも語っていました。**どれだけＩＴにすぐれた企業であっても、顔を合わせてしっかりと営業ができる非認知能力のすぐれた人材が必要**だとわかる好例といえます。

また、私の知り合いで、ＩＴ企業でチームリーダーをやっている元アスリート、運動部のキャプテンだった人物がいます。実は、彼はプログラミングについて少しは理解できても、システム構築がまったくできず、わからないのです。それでも彼はその会社の社長に、

「チームを束ねる力がある」

とヘッドハンティングされて力を発揮しています。**その力とはキャプテンシー。これはリーダーシップとは少し異なり、きちんと肩書や役職を持ち、チームを任されたキャプテンが集団を統率していく力**です。

別のＩＴ企業の社長も、こんなことを語っていました。

「システムとかプログラミングなどわからなくていいから、プログラマーやエンジニアをまとめる人材がほしい。泥臭く一人ひとりに目配りできて、キャプテンシーのある人材を求めています」

エンジニア集団でチームリーダーになる人の多くは、もともとエンジニアやプログラマーだった人が多いようです。その人材がキャプテンシーに欠けていると、肩書を

持っていたとしてもマネジメント能力に欠け、結局、チームが回らなくなるのです。

その点、泥臭い人間関係を築くことができるのもアスリートの強みの一つといっていいでしょう。大学の運動部のキャプテンが管理職となって成功する例を、私もたくさん見てきました。

バーチャルとリアルで考える非認知能力の重要性

eスポーツ、メタバース、デジタルツインなど、「もう一つの新しい世界」ともいえる最先端のテクノロジーと非認知能力も大きな関わりがあります。

メタバースやデジタルツインはそれぞれの専門家に譲るとして、私にも馴染みがあるeスポーツで、「もう一つの新しい世界」と非認知能力の関連性を見ていきます。

■元野球選手が結びつけたeスポーツと農業振興

いまや優勝賞金が20億円、30億円ともいわれている大会もあるeスポーツですが、日本ではまだまだ広く認知されていないのが現実です。

そもそも日本のｅスポーツ市場は任天堂とＳＯＮＹ、この２社の既得権益が守られているので、小さな会社が大きい大会を開くことが困難な状況にあります。しかし、

「ｅスポーツというツール自体はとてもおもしろいものがある。それを何とか多くの人に認知してもらえないか」

と動き出した人がいます。それが私のプログラムの受講生でもある、元千葉ロッテマリーンズの香月良仁《かつきりょうじ》氏です。

香月氏が立ち上げたR&Associatesとe-spearという会社は「ｅスポーツ×野球×農業」をテーマにBeARプロジェクトという事業を進めています。ｅスポーツに目をつけた彼は大会を開きたいと思いましたが、大手が開く大会に比べて規模はとうてい敵いません。そこで考えたのが、彼の地元である熊本の農家・農業家との協力です。彼の会社が開催するｅスポーツの大会の優勝賞品は、熊本の美味しい野菜なのです。

ｅスポーツと農業、一見すると正反対の存在に見えますが、そこをつなげて両方の

認知度を高めていく。win-winの関係に持っていくためには、**確信を持った発想で人と人とをつないで協働するすぐれた能力があってこその結果**だと思います。マーケティングの手法としては、両端のビジネスを取り込むことができれば、その間にあるビジネスも取り込むことが可能という対応です。

実はeスポーツでは、プレイヤーにもすぐれた非認知能力が求められます。ただゲームがうまくて結果を出せる選手よりも、自分のキャラクターを明快に打ち出し、周囲から応援され、愛され、運営する方々への配慮も忘れない……**数値では測り得ないそのような能力を持った選手が増えることにより、eスポーツ界が発展**していくのです。

選手自身にとっても引退後の仕事につながることは間違いありません。非認知能力が育まれ、さらに非認知能力がすぐれた人材が世界を広げていくことは、リアルの野球やサッカーなどと同じなのです。

ピッチのなかで選手が走り回り、素晴らしいプレーを披露する。それを観客が見て熱狂する。eスポーツも同じで、画面上の選手を操作し、見ている人たちをスーパープレーなどで熱狂させる。違いは画面上かグラウンドやフィールドかの違いだけです。

ひとむかし前、子どもは公園などで集まり、ルールを確認しながらスポーツをやり始めて興味を募らせたものでしたが、いまはゲームを通してルールを知るというケースも少なくありません。それもまたスポーツに興味を持つキッカケとして「幅が広がった」と考えれば、ゲームも悪いことばかりではないと思えるのではないでしょうか。

これから先はゲームで興味を持ち、スポーツを始める子ども、そのまま画面のなかで活躍していく子どもなど、いろいろな関わり方が生まれてくるでしょう。そうすれば運動自体が苦手な子どもでも、いろいろなかたちでスポーツに関わり続けていくことができるようになります。

ちょっと前までは親に、

「ゲームばかりやっていないで、勉強しなさい！」

などといわれていましたが、近い将来、

「eスポーツの大会で優勝して、美味しい野菜をもらってきてね！」

と、ゲームをすることを応援される、そんな時代が来るかもしれません。

eスポーツと子どもの関係について書いてきましたが、これは子どもに限った話ではありません。一例を示します。

■大学にeスポーツ部が誕生する時代に求められる人材

最近、埼玉県にある日本薬科大学にeスポーツ部が創設されたそうです。eスポーツ部ではゲームをする活動の傍ら、高齢者とゲームに関する研究を行っています。ゲームは指先を細かく動かしてキャラクターを操作するので、認知症予防などに有効なのではないかと実証実験を進めているのです。

また、ゲームを通して離れた場所にいてもコミュニケーションをとれるようになってきているため、高齢者同士のコミュニケーションのほか、なかなか会えない孫とのコミュニケーションにも役立つのではないかといわれています。

経営者のなかにもゲームから学びを得ている人が大勢います。eスポーツゲームのなかには自分たちで組織を編成し、相手の組織と戦うゲームもあるのですが、「システムがビジネスと似ている」と語る経営者の声もよく聞きます。

「周囲に目配りして、チャットを利用してコミュニケーションをとりつつチームとして動かないと、すぐ負けてしまう」

とある経営者が語っていました。

最新のテクノロジーではメタバースやデジタルツインと呼ばれる技術について、さまざまな企業やスポーツチームもその技術を導入しようと試みています。**仮想空間を利用してファンとの交流やその空間で利用できるアイテムの販売など、うまく利用できれば可能性は無限大**です。

しかし、前項でも述べたように、テクノロジーを使いこなす優秀な技術者だけでは事がうまく運ばないことは、はっきりしています。一人でも多くの人にその技術を知ってもらうため、**企業側は人と人とをつなぐことのできる能力がすぐれた人材を用意しておかなくては、結局、宝の持ち腐れになってしまう**のです。

PDCA、報連相、5S――ビジネスのイロハに通じる力

社会では、PDCAや報連相、5S（整理・整頓・清掃・清潔・躾《しつけ》）と呼ばれる仕事のイロハがあります。これらの活動と非認知能力はどのように関わりがあるのでしょうか。

5Sの一つである清掃の場合、その目的は「汚れているところを綺麗にするため」に限られるものではありません。本当の目的は「汚れているところ・汚れていること」に気づくことにあります。5Sの他のジャンルでも同様です。その基本は**仕事をしていくなかでどこに問題や課題があるかということに「気づく力」を養っている**のです。

■気づく力に長けているアスリートたち

非認知能力が高いアスリートたちは、この気づく能力にも長けています。アスリートたちの学生時代には、常に清掃がついて回ります。グラウンド整備だったり部室・寮の掃除、試合会場の設営などもその一つです。**どこが汚れているか、どこが整っていないか、その場合、まず何をしたらよいかに気づく能力を、子どものときからスポーツを通して養ってきているの**です。

ＰＤＣＡに関しても同じようなことがいえます。アスリートはスポーツを始めたときから目標を設定し、練習を重ねる。その結果を踏まえてうまくいかないところは改善し、また実行を繰り返す。このＰＤＣＡサイクルを回しているのです。

報連相も同様です。チーム内での意思疎通をうまく行うためには、仲間同士や監督との報告、連絡、相談を毎日のように繰り返し、組織がスピーディに機能するようにしています。的確な報連相を行う。端的にいって、アスリートはよけいな無駄話についてもＴＰＯをわきまえて行う人材なのです。

アスリートは一般の人が社会に出て初めて行う基本的なこと、人間関係の〝リテラシー〟を、小さい頃から何千回、何万回と繰り返してきています。そのため、アスリートからしたら、いまさらと思われるようなことも数多くあります。もちろん、基本の重要性をきちんと理解していても、社会に出るときに、あらためて確認するため基本的なことを学び直すことは重要です。

非認知能力が高いということは、社会に出て貢献できる要因として以前から行われているＰＤＣＡや報連相、５Ｓの意義そのものはすでに理解し、備わっているということ。５Ｓという言葉そのものは知らないケースも確かにあり得ますが、その意義や重要性は十分に知っている。周囲はそう理解すべきでしょう。

■アスリートのタイムマネジメントは別次元！

人間関係において気づくとは、相手の心を察することができる能力といってよいでしょう。たとえば飲み会の席で、他の人のグラスが空いているか、テーブルの上に食べ終わったお皿がどれだけ置いてあるか。こういったことにさっと気づいてお酒を勧めたりお皿を整理できたりするのも、スポーツ経験者が多いように感じます。

そして、**気づく力に長けている人は、きちんと伝える力も兼ね備えている**ケースが多いと感じます。後輩が先輩に発言しにくいことでも、いうべきことはきちんと伝える。これも気づく力が備わってこそ、です。一例を示しましょう。

ある知人のサッカー選手の話です。彼は練習でも試合でも、

「なぜ、そのプレーをしたいのか、しなければならなかったのか、チームの戦略を微修正したほうがよいのではないか」

など、上下関係に関係なく、気づくが早いかアドバイスしたり進言したりしています。

「**気づいたことは、そのとき伝えないと、後悔するばかりか失敗してしまう。**加えて何がよくなかったのか気づくこともできません」

と語っていました。

これは、アスリートにとってめずらしいことではありません。皆、**試合中という限られた時間のなかで、たくさんのことに気づき、伝え、場合によっては判断・決断している**のです。私も学生時代の野球生活で、人に進言して後悔したことはまずありませんが、伝えずにいると後悔ばかりしていました。

ビジネスに関連していうと、**アスリートのタイムマネジメントは一般の人とは別の次元にある**ということもできます。このタイムマネジメントの次元の違いも、スポーツにおいては基本的なこと、ビジネスにおいては基本的・古典的なことを身体で理解して取り組んでいる証《あかし》といってよいでしょう。

第4章

社会人基礎力と非認知能力

社会人のリテラシーは、非認知能力を無視し続けてきた!?

感覚的な表現になりますが、いまの若者と50代の私たちの世代を比べたときに、若者のほうが非認知能力が低いと感じます。なぜそう感じるのかというと、いまの若い社会人たちのリテラシーは、非認知能力を半ば無視してつくられたものだからです。

■ビジネスの絶対条件、コミュニケーション能力

「新入社員に求める能力」というアンケートを企業に行うと、10年以上も連続で「コミュニケーション能力」が挙げられています。なぜ、コミュニケーション能力が求められてい

るのか。いろいろな理由が考えられ、また、いろいろな意見もありますが、あえて断定的にいうと、新入社員はビジネス上のコミュニケーション能力に欠けているからです。反発されることを承知でいうと、十分なコミュニケーション能力が備わっていれば、あえて新入社員にその能力を求めたりはしません。

もちろん「今後、新入社員が重視すべき能力」というアンケートでコミュニケーション能力が上位に挙げられていても、理由は同様です。新入社員が重視すべきコミュニケーション能力について、私たちの世代は現在の新入社員に〝不足感〟を感じているのです。

私たちの世代ではコミュニケーションを重視するといったことは、あまり聞かない話でした。それは重視しなくても、コミュニケーション能力がある程度あったからです。いまの若い世代はその能力が低いため、企業側が重視しているということになります。

また、若い世代も、自分たちにはコミュニケーション能力が欠けているかもしれないと感じているからです。**これは若い社会人のコミュニケーション能力と私たち上司の立場のコミュニケーション能力にギャップが生じている**ということの表れではないかと考えます。

■リアルな経験の不足が、我慢する力の低下を引き起こしている!?

ビジネスにおけるコミュニケーションとは、「対人的なやりとりにおいて、お互いの意思疎通をスムーズにするための能力」と捉えています。しかし、現代の若者はネット社会に生き、インターネットをうまく活用するので、リアルで人とコミュニケーションをとらなくても、ネットの世界で好きな人とだけコミュニケーションをとることができるようになりました。

リアルで人とコミュニケーションをとることと、ネットでコミュニケーションをとることとは、やはり似て非なるものです。苦手な人とリアルでコミュニケーションをとらなくてもいいことが増えたため、コミュニケーション能力が低下したと考えられます。それにともない、嫌な空間からは逃げる、嫌だったらやめるという**自制心の低下が進み、我慢する力の低下も引き起こしている**のが現状ではないでしょうか。

いまの新社会人の世代の学校教育の現場では、非認知能力の重要性に気づいてはいたものの、それほど大きく叫ばれてはいませんでした。それが現在の非認知能力が無視された社会人リテラシーをつくりだしている一つの要因です。

ひと世代、ふた世代前は、運動部の学生はもちろん、勉強が得意な学生たちも、ある程度のスポーツや外遊びを経験していました。そのため一定の非認知能力は、多くの若者に備わっていたのです。しかし、いまの新社会人の世代が幼い頃に教育を受けていた現場では、学力の向上がメインになっていて、社会人基礎力や非認知能力を伸ばそうという部分にはあまり手をつけられていませんでした。

したがって、スポーツを経験していた人はその経験があるものの、反対に「まったくスポーツをしてきませんでした」という大人も増えてしまったのです。

なお、こうした見方に偏ったものを感じる方がいるかもしれません。しかし、総体的に見て、**非認知能力という言葉を知らずにその能力を育んだ世代と、同じように非認知能力という言葉を知らないままその能力を育みそびれた若者世代が、いまの社会人を構成している**ことに大きな異論はないはずです。いまの教育の現場は、非認知能力の重要性を知りつつも新型コロナ禍などの影響もあり、単純に「非認知能力を育みましょう」とはなりにくい世代が教育を受けているといえるのではないでしょうか。

■コミュニケーション能力に長けた社会人は、足が臭い!?

ある大学野球の選手が現役を引退し、正社員になりたての頃、上司に、

「学生と社会人の違いは何か」

と聞かれたことがありました。その上司は、

「社会人は足が臭い」

といって憚《はばか》りません。得意気でもありました。「大学の運動部にいた人だからか、足の臭さなら負けない」と、彼は冗談のように思ったそうですが、本意は別のところにありました。上司いわく、

「社会人になったら、さまざまな立場や境遇の人とコミュニケーションをとらなければならない。すると、どうしてもあぶら汗をかいてしまう。靴下についた汗はなかなか消えない。だから社会人は足が臭い」

のだそうです。

これは笑い話ではなく、コミュニケーションには確かにそういう一面があります。学生の頃の付き合いと社会人としての付き合いはまったく違い、**好悪に関係なく、否応なく付き合わないといけない、コミュニケーションをとらないといけないことがある**のです。このことを理解していない人は、若い頃から自分の好みで付き合う人を選び、やがて自制心が薄れていきます。

そして、自制心が薄れていくとき、人は新たなことに気づきます。それは「人は、人によってしか磨かれない」ということです。**コミュニケーションとは「人が人によって磨かれること」であると**、気づくのです。

また、社会人になればビジネスの会合やパーティに出席する機会も増えます。すると、「知らない人ばかりで面倒だな。できれば避けたいな」と思ったパーティほど、いい出会いがあることにも気づきます。異質な人とコミュニケートすることが、いい出会いにつながっているのでしょう。

あなたの「体験学習」は本物の体験だったのか？

私たちの世代では「情報」というものに価値がありました。情報を入手する術《すべ》が少なかったからです。

しかし、いまではインターネット上にあらゆる情報が氾濫するようになり、情報そのものが真実なのか、それともでっち上げなのか、情報に対する信憑性が薄れたこともあり、情報そのものの価値が低下しているように思います。

ここで何を伝えたいのかというと、どれだけ自分が物知りで知識をたくさん持っていたとしても、その知識に価値がつかなくなってしまっている可能性があるということです。

■職場体験、体験学習などの本質を探る

情報重視の時代を経て、今日、価値があると考えられるのが「体験」です。自分が何をどれだけ知っているかではなく、いままでにどんな体験をしてきたか。その体験が重要視され始めていると感じます。換言すると、他人から得た知識である二次情報ではなく、直接自分が体験し、知り得た知識の一次情報が重要視され始めているということです。

就職活動中の面接で、

「あなたはどんなことをして、いまに至りますか？」

といったことを聞かれたことがあるでしょうか。最近では、「採用面接で聞いてはいけないNG質問」が明確化され、面接担当者もおそるおそる質問している事情もあり、聞かれた応募者も、ずっとコロナ禍の行動規制で「コレをやってきた！」と明確にいえないもどかしさがあるようです。

しかし、そうした求人・採用事情を差し置いても、

「あなたはどんなことをして、いまに至りますか？」

と聞かれ、答えられない人も多いようです。事実上、いろいろな体験をせずに卒業を迎えた学生は、「自分は勉強しかしてこなかった。しかも、リモートで……」と自分の体験を薄っぺらなものと感じてしまうこともあるようです。

そうした反省のうえに、小中学生の段階で教育現場でも非認知能力の向上をめざし、いろいろな取り組みがなされています。その一つが職場体験です。

職場体験では地域の企業と提携し、実際に働いてみます。いまの若い世代なら、「中学生のときに、地元のファストフード店で3日間職場体験をした」という人もいるでしょう。

この場合、職場体験の内容は大学生対象のインターンシップをより身近なものとして体験します。アルバイトと同じようなことを、横でスタッフに教えてもらいながらやるそうです。ハンバーガーをつくる、ポテトを揚げるなどのキッチン作業はもちろん、レジでの接客やドライブスルーの対応までやらせてもらう店舗もあります。

そのような職場体験を行った中学生に、

「いちばん印象に残っていることは？」

と聞いてみると、
「接客をしたときに、お客さまから褒められたこと」
という返答があったそうです。3日間の職場体験ですからスキルや知識といったものを身につける時間はなく、教える側も時間がないので教えないでしょう。しかし、**「お客さまから褒められた」という経験が職場体験において本質的に大事なことであり、非認知能力を高めることにつながる**のではないでしょうか。きっと、その中学生は「何をどうやれば褒められ、信頼されるのか」という知恵を身につけたはずです。

私の会社でもいま、山形県の高校と協力して年間の体験学習を委託され、取り組んでいます。「地域探求学習」といい、高校1年生が地元の食材を使ってアスリート食や高齢者施設の給食のために新しいメニューをつくる取り組みを行っています。

これらの活動のように、非認知能力をおざなりにしてきた教育現場の反省を活かし、いまでは体験学習という方法で小中高校生時代に、さまざまな経験・体験をして非認知能力の向上に努めているのです。

「学力＜非認知能力」の時代に突入した

認知能力、いわば学力を主な尺度と考える時代に限界が来ているのですから、**これからの時代、いまよりもさらに学力よりも非認知能力が重視される時代がやってきます**。

われわれの生活はさまざまなテクノロジーにより、さらに便利になっていくでしょう。そのため、「知っていること」すなわち知識自体の価値が相対的に低くなり、別の能力が求められるようになっていくのです。

■知らなくても察することのできる人が優位に

確かに、量としての知識は頭のなかに入っていると便利なものです。どんなジャンルにおいても、「もの知り」な人は、最初は、

「よく、そんな詳しいことを知っているね」

と尊敬されますし、社会の役に立つことも多かったはずです。

ところが、

「それほど詳しい知識がなくても困らない」

というケースが、これからの時代は多くなっていくのです。

たとえば英語での国際電話を例に考えてみましょう。最初は一つの単語も聞き取れずに、話はちんぷんかんぷん。電話に出てもまったく役に立たない状態でした。それが知っている単語量や覚えた基本構文が増えると、かなり聞き取れるようになります。

ただし、それでも電話の相手の意図を汲んだり状況を察したりすることができない状態では会話が成り立ちません。認知能力が高く非認知能力が高くはない人だと、相手の話すことは理解できても、こちらのことを伝えにくい状態だったのです。むしろ、片言の英語を理解できて会話を楽しめる人（認知能力はともかく非認知能力の高い人）のほうが会話

が成り立つのです。

この状況は、いまの時代を示しています。では、今後はどうなるか。きっと、技術が進歩・発展すれば、近い未来こちらでは日本語で話しても相手には英語で聞こえるように勝手に翻訳してくれる機能も広く浸透するでしょう。すでに、直接、外国人と話す場面では、その場ですぐ多言語に翻訳してくれるデバイスが一般的になり、英語が話せるという能力の価値は低くなり、どんなケースでも成り立つ会話ができる、すなわちコミュニケーション能力のほうに価値が置かれるようになっています。

つまり、英単語をどれだけ知っているとか学力にすぐれているということは、この先役に立たなくなってくるかもしれないのです。そこで重視されてくるのが、コミュニケーション能力やリーダーシップなどの非認知能力です。英語は話せるけれど非認知能力が劣っている人と、英語は話せないけれど非認知能力がすぐれている人を比較したときに、後者が選ばれる時代はすぐ目の前まで来ています。

■がんばり抜いてきたアスリートの時代がやって来る！

がんばり抜く能力が大事だという一例を紹介します。

知人に学力・学歴に大きなコンプレックスを持っている元野球選手がいました。現実には子どもの頃から野球に親しみ、高校の野球部では甲子園にも出場し、大学に進学せずに球界に身を置いたけれど、1軍の試合に数試合出ただけで実績というものはまったくないままクビ宣告をされ、配送会社のアルバイトを始めていました。

「オレから野球を取ったら何も残らない。いまの自分になることがわかっていたら、野球なんて早めに辞めて、本気で勉強したほうがよかったのかも」

彼は、愚痴をこぼすように、よくそう呟いていました。

私は、そんな彼に次のようなアドバイスをしました。

「人生は1回きり。過去は、後悔せず受けとめないといけない。きみはずっと野球をがんばってきた。ずっと好きだった野球をがんばってきたんだよ。**好きなことにとこ**

とん取り組めること、がんばり抜いて好きなことをやり続けたということは何物にも代えがたい能力であり、そこには家族や友人など周囲の人たちの応援もあったはず。

そのことに感謝しつつ、自分のがんばり抜く能力を信じてやっていこうよ」

この元野球選手のように、実は多くのアスリートに共通するテーマがあるように思います。そこそこ勉強のできる高校野球の選手は卒業の頃、大学に普通に進学するかスポーツ進学するかの選択で、どちらの道を選択してもその先でうまくいかないと、「選ぶ道を間違えた」と後悔するものです。

しかし、50代の私にいわせれば、

「20歳そこそこの人生の後悔なんて20年足らず後悔するだけでいいけど、50代の後悔は50年近くと長くなるから、面倒だし、つまらない。**後悔なんて、時間の無駄、余裕のある人がすることだ**」

です。

これまで、アスリートの世界では「学力よりスポーツの技量」という考え方がありました。ところが社会全般では「学力∨非認知能力」という考え方が主流でした。アスリートの世界とは異なるその考え方のギャップにはまり、さいなまれるアスリートも多く、自分がうまくいかないことの逃げ口上に使う例もあったのです。

しかし、これからは社会にも「学力∧非認知能力」という考え方が浸透していきます。**学力と非認知能力が車の両輪のように均衡を保つことが大事である社会になっていく**のです。そう考えると、好きなことをがんばり抜ける能力のすぐれた人の活躍の場は、これからますます広がっていきます。

イマドキの「社会人基礎力」を考えてみる

経済産業省では「社会人基礎力」という用語で、これからの社会に求められる能力を示しています。この**社会人基礎力は、いわば「大人・新社会人にとっての非認知能力」と考えていい**でしょう。

社会人基礎力の内容は、主体性や働きかける実行力、課題発見力などがありますが、ほぼすべて非認知能力と同じような概念の、すなわち数値化できにくい能力です。私も、社会人基礎力と非認知能力は同じようなものと捉えています。

さらに、社会人基礎力という言葉には重要な視点があります。それは**社会人の基礎的な能力として、従来の学力や学校の成績よりも、数値化できない能力のほうが求められてい**

るということです。

■長所を伸ばすという視点を忘れずに！

経済産業省のいう社会人基礎力は、128～129ページに挙げた「三つの力」と、その三つの力を細分化した「12の能力要素」から構成されています。一見すると何となく理解できるものですが、社会人基礎力も非認知能力も数値化することがむずかしく、「この部分を高めたいと思ってがんばっている人や実際に能力が高い人を評価してあげたいけど、目に見える数字で示すことができないからむずかしい」

などと思うかもしれません。ところが前述したように、非認知能力を数値化し、可視化する事業を行っているところもあります。

その会社では主に幼児期から小学生までの子どもに対して非認知能力のテストを行い、数値として見える化をしています。項目はたとえば、

・**自己認識……やり抜く力、自分を信じる力、自己肯定感**

「12の能力要素」

チームで働く力

多様な人々とともに、
目標に向けて協力する力のこと

発信力	▶▶▶▶	自分の意見をわかりやすく伝える力
傾聴力	▶▶▶▶	相手の意見を丁寧に聴く力
柔軟性	▶▶▶▶	意見の違いや立場の違いを理解する力
状況把握力	▶▶▶▶	自分と周囲の人々や物事との関係性を理解する力
規律性	▶▶▶▶	社会のルールや人との約束を守る力
ストレスコントロール力	▶▶▶▶	ストレスの発生源に対応する力

社会人基礎力とは、「3つの力」と

前に踏み出す力

一歩前に踏み出し、失敗しても粘り強く取り組む力のこと

主体性 ▶▶▶▶ 物事に進んで取り組む力

働きかけ力 ▶▶▶▶ 他人に働きかけ、巻き込む力

実行力 ▶▶▶▶ 目的を設定し確実に行動する力

考え抜く力

疑問を持ち、考え抜く力のこと

課題発見力 ▶▶▶▶ 現状を分析し目的や課題を明らかにする力

計画力 ▶▶▶▶ 課題の解決に向けたプロセスを明らかにし、準備する力

創造力 ▶▶▶▶ 新しい価値を生みだす力

・意欲……学習志向性、やる気、集中力
・忍耐力……粘り強くがんばる力
・セルフコントロール……自制心、理性、精神力
・メタ認知……客観的思考力、判断力、行動力
・社会的能力……リーダーシップ、協調性、思いやり
・対応力……応用力、楽観性、失敗から学ぶ力
・クリエイティビティ……創造力、工夫をする力

といった個々の非認知能力ごとに数値化して示されますが、その結果によって、どの能力が強くてどの能力が弱いかがわかります。ちなみに、他の子どもと比べ、「その子よりすぐれている、劣っている」といった相対評価は行いません。相対評価をしても、子どもにとっては意味がないからです。

このようなテストで大人用のものが開発されてもおもしろいと私は思っています。ただし、これはあくまで「データとして表現できたら便利だよね」というレベルの話です。データがあることでどの方向に努力をすればいいかが明確になるので、効率よく努力

し、能力を高めることができるというだけの話です。

何が得意で何が不得意かを把握するだけでは、本来は見える化する意味はありません。足りないところを補うことも大事ですが、それは、おしなべて平均点以上をねらう〝安全志向〟の考え方、もしくは従来の学力重視の考え方です。これからは、その既成概念を取り払っていく必要があります。

繰り返しになりますが、**より大事な視点は「長所を伸ばす」こと。そのために努力することに大きな意味があるの**です。仮にデータがなかったとしても、自分で感じる課題や長所に向けて努力することができるのであれば、それは大きな意味を持ちます。**大事なことは数値を把握することではなく、長所を伸ばすために努力を積むこと**。この気概を忘れないでください。

■「長所を伸ばすための努力」にもコツがある

長所を伸ばすために努力を積むといっても、ただ努力すればいいのではなく、コツがあります。スポーツ経験者であればおそらく気づいているでしょうが、それは、**まず教わり上手になること**。もちろん、一人コツコツと努力することは大事ですが、その域を超えて教わり上手になることです。

そのためには、**自分も含めて、「人のよいところを探す」ことに本気になってください**。よいところを圧倒的にリスペクトする。相対評価をしたり、自分が劣っているところに気を揉んだりする余裕がないほどに、「人のよいところを探してリスペクト」するのです。

リスペクトはどのように行うか。単刀直入にいえばマネをすること。ただし、**マネがうまくいったからといって「できた」と勘違いしないこと**です。

こうしたことに留意していけば、「どうやったらいいんでしょうか」と素直に聞ける気持ちが養われ、誰でも教わり上手になれます。あとは「**うまくいったこと**」**を教わった相手に報告すること**。この報告がリスペクトの証です。報告があれば、「次はこうしたらどうだろう」といったアドバイスを受ける機会も増えます。教わり上手が好循環となって、自分の成長をあと押ししてくれるのです。

なぜ、優秀な人ほど〝しくじる〟のか

一見、優秀な人、すなわち「学力は高いけど、非認知能力に欠ける人」には、思わぬところで〝しくじる〟人、より正確にいうと、〝しくじりを気にかけすぎる人〟がいるように感じます。しくじるとは「決定的な失敗とはいえないけれど、何らかの理由でうまくいかなくて、軌道修正するにも時間がかかっている状態」と理解してください。

■「しくじり」の二つのパターン

まず、優秀な人がしくじるパターンは二つあります。

⑴過信・慢心が招く「しくじり」

一つは、自分が優秀だということを疑わずに、その道を突っ走ってしまい、しくじるパターンです。彼らは自分に絶対的な自信があります。そのため、自分の知識量と人脈だけで成功すると思い込んでいるのです。謙虚さが足りず、プライドも高いので、周囲の人に助けを請うことができない。常に何かと比較するクセがついていて、〝マウントを取りたがる人〟といってもよいでしょう。

そして、しくじったときには自分より優秀ではない人、立場の弱い人のせいにする。お客さまや環境、仲間に責任の矛先《ほこ》を向けてしまいがちです。すると彼らの周りからは人が離れていき、またしくじってしまう。そして、また人のせいにするという負のスパイラルに陥っていくパターンです。

⑵場数の多さと一定の確率が招く「しくじり」

もう一つのパターンは、単純にチャレンジの数が多いため、しくじる回数も多く見えるパターンです。バッターでいえば、打席に立つ回数が多くなるほど空振りをする回数も多くなり、三振や凡打も増えていきます。

次ページの表のように2022年までのプロ野球選手の通算三振数を見ると、まさに強打者揃い。思い切ってたくさん振った数が多いほど、ホームランも多いけど三振も多いということです。また、毎年、プロ野球チームの首位打者の打率は3割台。ざっくりいうと、100回打席に立てば、60〜70回程度はしくじっていることになります。

これは挑み続ける人には避けられないことでもあり、彼らからすれば、

「しくじっても問題ないよね」

と、しくじり自体を悲観することなく、ポジティブに捉えています。多くのアスリートは**しくじりもポジティブに捉えてそのつど振り返り、そこから新しいアイデアを得て次につなげていく**。これはPDCAサイクルのなかでしくじりが起きているだけの話なので、自分がしくじったことすら覚えていないような人もたくさんいます。

■ちょっとした失敗・ミスは覚えていない

(1)と(2)のどちらが本当に優秀な人かは一目瞭然です。そして、非認知能力が高いと、い

しくじる人ほど振り切る！　プロ野球選手の三振数

（2022年シーズンまで、歴代上位20人。＊は2022年時点で現役）

順位	選手	三振	実働期間	試合
1	＊中村　剛也	1990	(2003-2022)	1954
2	清原　和博	1955	(1986-2008)	2338
3	谷繁　元信	1838	(1989-2015)	3021
4	山﨑　武司	1715	(1989-2013)	2249
5	秋山　幸二	1712	(1981-2002)	2189
6	金本　知憲	1703	(1992-2012)	2578
7	新井　貴浩	1693	(1999-2018)	2383
8	中村　紀洋	1691	(1992-2014)	2267
9	タフィ・ローズ	1655	(1996-2009)	1674
10	衣笠　祥雄	1587	(1965-1987)	2677
11	広澤　克実	1529	(1985-2003)	1893
12	門田　博光	1520	(1970-1992)	2571
13	小久保　裕紀	1516	(1994-2012)	2057
14	＊松田　宣浩	1515	(2006-2022)	1910
15	＊福留　孝介	1494	(1999-2022)	2023
16	野村　克也	1478	(1954-1980)	3017
17	大島　康徳	1462	(1971-1994)	2638
17	村田　修一	1462	(2003-2017)	1953
19	池山　隆寛	1440	(1984-2002)	1784
20	田中　幸雄	1416	(1986-2007)	2238

※出典：NPB（日本野球機構）「歴代最高記録」より

わゆる覚えておくべきこと、引きずるべきこと、こだわらなければいけないこと、忘れるべきことを自分のなかで瞬時に仕分けているのです。一例を示しましょう。

元Jリーガーとして13年間プレーしていた選手に話を聞いたことがあります。Jリーガー時代にどんなしくじりがあったか聞いても、パッと思い浮かばないそうです。

「一つひとつのプレーの最中には多くの失敗はしてきているはずだけど、そこから何かを学んで次につなげようとするので、それができたら、その失敗が失敗だったということ自体を忘れてしまいますね」

といったことを語っていました。

そうやって、やがて、しくじること自体が怖くなくなる。ビビらなくなるわけです。むしろ、**そのしくじりは自分がステップアップするためのヒント**だと捉えるようにしていたそうです。

自分が引っ張る経験の大切さ

女性が社会に出て活躍することもあたり前のようになり、あえて男女の違いを考えることに違和感を覚える人もいるでしょう。それを承知で、新社会人となる女性に向けて社会人基礎力・非認知能力について考えてみます。

私自身、何人もの女性アスリートを指導した経験があり、その経験を踏まえていえることをまとめています。

■女性と男性の決定的な違い

第1章で述べたように、男性アスリートと女性アスリートには決定的な違いがあります。それは指示・命令に対しての最初の反応です。

男性アスリートは社会に出てからも、上の人間から指示や命令を受けると、その意味がわからなかったとしても、とりあえず、

「はい！」

と答えます。これは学生アスリート時代にコーチや監督から、

「返事がない！」

などと厳しく指導されてきた経験からくるものでしょう。

一方で、女性アスリートは指示や命令があったとき、最初に、

「なぜそれをするのですか？」

と合理性・納得感を求めて議論をしようとします。議論した結果、納得しない場合は動いてはくれないか、自分の納得できる範囲でしか動きません。

男性の管理職上司が女性の部下に対して、

「とりあえず、これも仕事だからやっといて」

なんていい加減な指示の出し方をしていたら、女性の部下は口に出すかはどうかはともかく、

「とりあえず、やっときますね」

と、不服そうな顔になるでしょう。男性上司がそんな指示の出し方をしていては、部下はいい仕事ができませんし、関係も崩れていってしまいます。

女性には「なぜこれをしなければならないのか」というプロセスや背景を説明して納得してもらうことが必要です。

逆に女性上司が男女にかかわらず部下に指示を出すときは、えてしてプロセスや背景を説明しつつ指示を出すことも多いのではないでしょうか。それが部下の要望にうまくハマれば、しっかりした仕事ができますし、部下の気持ちやニーズとずれているときには、

「なんか面倒だな」

と思ってしまうこともあるでしょう。

このことを逆にいうと、**コーチや監督と選手の間に強い信頼関係を築くことができれば、女性選手は大きく伸びる可能性が高まります**。バレーボールやマラソン、スイミングなど

の例を見ても、そういえるのではないでしょうか。選手に限らず、**新入社員の女性が、その職場で大きく能力を発揮するには「信頼できる上司にめぐり合うこと」が大事**です。あなたも、ぜひそういう目線で、上司のいいところを探してみてください。

■「気づく力」に加えて、「引っ張る力」で成長する

男性と女性に「この点が異なる」といえるような非認知能力における差異はほとんどありません。むしろ女性のほうがすぐれていると感じられる能力があります。それは「気づく力がある」ということです。**細かい部分にもきちんと気づくことができる能力**です。

「木を見て森を見ず」という言葉とは逆に、男性は俯瞰《ふかん》的に物事を見てしまいがちで、森ばかり見てしまいます。だから、あえて木をつぶさに見ようとすると、森を見ることを忘れてしまう。

一方で女性は、物事の細部まで気づくことができるので、森のなかの木1本1本をしっかり見ることができ、それでいて森を見ることも忘れてはいない。その視点は女性ならで

はのものだと感じています。

あえていえばこのような性差が感じられますが、女性がさらに非認知能力を高めていくためにおすすめなのは、まず、**自分で何かしらのコミュニティをつくり、それを引っ張っていくような経験をすること**です。

能力か性差か社会的事実かは即断できませんが、一般に女性は男性に比べ、「自分が引っ張っていく」というよりも、「みんなでがんばろう」という傾向になりがちです。

そこを一歩踏み込んで、**自分がみんなを引っ張っていくという環境をつくる**。このことにチャレンジしていくと、自分にも新たな能力があることに気づき、その能力を身につけ、高めていくことにもつながります。

第5章

非認知能力の鍛え方

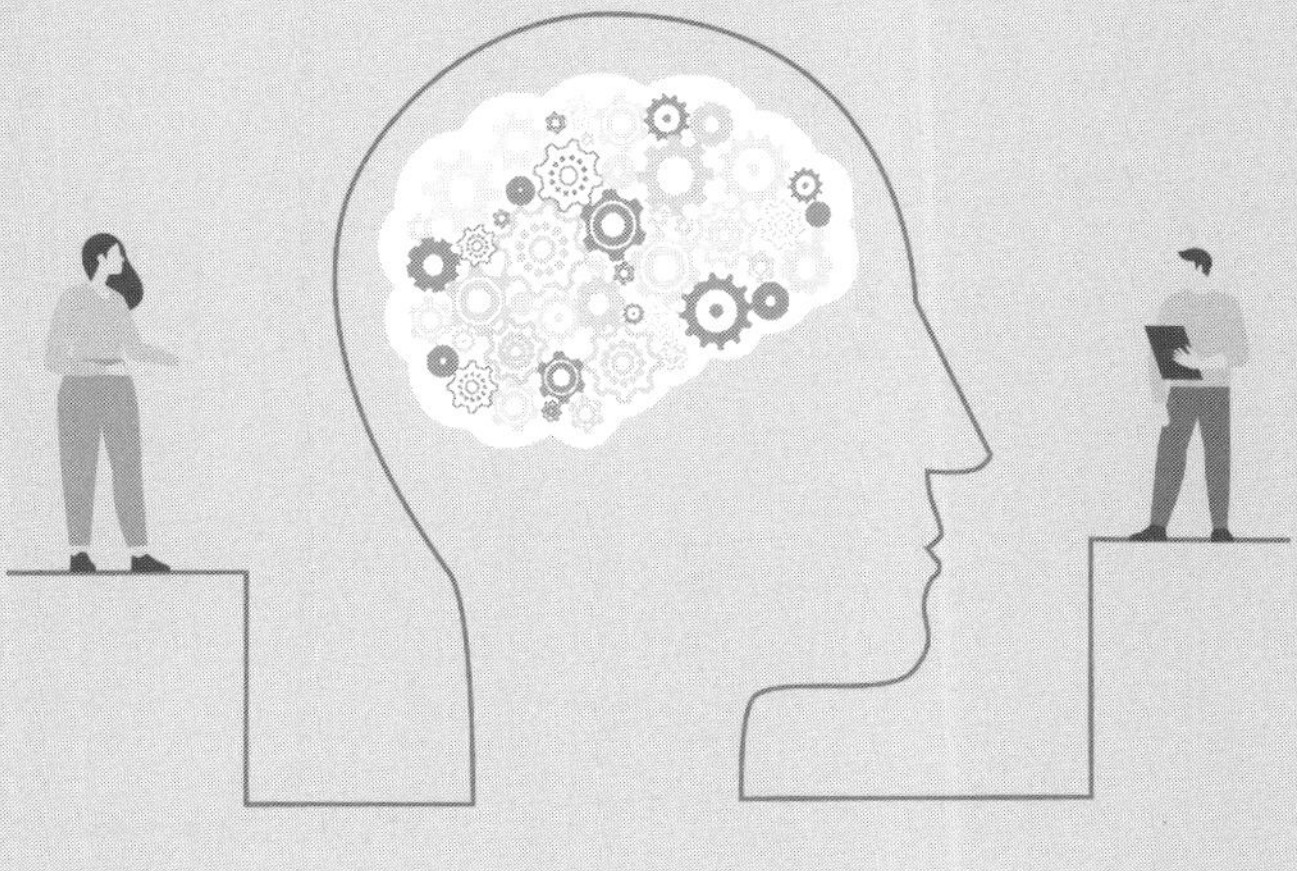

喜怒哀楽を他者とともに感じ、行動に移す力

非認知能力は数値化しにくく、どのくらいの能力があるか表現しづらいもので、「幼児期に鍛えられるもの」と思い込んでいる人もいます。ところが、社会人になってからも十分に鍛えることができます。本章では、その鍛え方として参考になるアイデアを提示していきましょう。

非認知能力の一つに「共感する力」があります。他の人の喜怒哀楽をその人とともに感じ、次の行動に移していく力です。共感する力も、どの程度あるのか、どうやって育めばよいのかなど、わかりにくいものです。しかし、その力を持っている人のほうが一緒に仕事をするにも楽しくでき、成果も上がりやすく、達成感も分かち合えます。

■共感を構成する八つの要素

共感する力をビジネスパーソンにとってもう少し聞き覚えのある言い方に変換すると、「共感力」と呼ぶことができます。この**共感には「情動的共感」と「認知的共感」があります**。情動的共感は、他者の感じていることを自分の感覚として感じられることです。一方の認知的共感は、相手の立場から見える状況を推測して分析できることです。

この**2種類の共感が能力として備わっていることを「共感力がある」といいます**。

そして共感力は、次ページの図のように八つの要素が自分に備わっているときに発揮できます。

また、共感力とは感動と同様に、「共感せよ！」などと相手に無理に求めるものではありません。あくまでも共感の対象、すなわち主導権は相手にあります。ただし、主導権を持っていても誰かを共感させることはできない、ちょっと不思議な概念です。

その一方で、何事にも共感できる力（共感力）を高めることができれば、応援者が増え、周りに感謝があふれ、人間関係が豊かになります。

共感力には8つの要素がある！

自分軸

自分の軸をしっかりと持っていること

覚悟

どんなことに対しても腹が据わっていること

達成力

何事も達成するまでやり続ける能力のこと

実行力

アイデアなどを考えるだけでなく、実際に行動に移すことができる能力のこと

心理的安全性

自分が心理的に「安全である」という気持ち・状態になっていること

言霊

発する言葉に、言葉以上の何かを醸し出せていること

愛厳

その人のためになると考えて最善を尽くすこと、自分に厳しく振る舞うこと

素直

相手の言動に対して、先入観を持たずにいったん受け入れられる能力のこと

信用や信頼を得るための「共感ブランディング」

共感力とセルフブランディングをうまく組み合わせることで、「共感ブランディング」というものを生みだすことが可能です。

セルフブランディングは、

・どうすれば自分をもっと際立たせることができるか
・どうすれば自分をよいイメージで認知してもらえるか
・どうすれば付加価値の高い状態でビジネスを進められるか

などを目的としています。

いわば自分自身を商品とすると、いかによい商品としてお客さまに見てもらえるかという取り組みです。このセルフブランディングと共感力を組み合わせる、すなわち共感を持って受けとめてもらえるブランディングが「共感ブランディング」なのです。

■「共感ブランディング」と三つの視点

共感ブランディングのポイントは左の図に挙げた三つのポイントがあります。これらのポイントをセルフブランディングして高めていきます。

(1)人（自分のキャラクター）

一つ目は「人」です。

人というのはその人のキャラクターを意味します。つまり**自分の強みは何かを理解すること**。自分のキャラクターはいったい何かということを探しだすには、まず自分の強みをたくさん書きだします。そこで見えてきた強みを、

・やりたいことや目標を意味する「パッション」

・これまでの経験、得意分野を意味する「リソース」

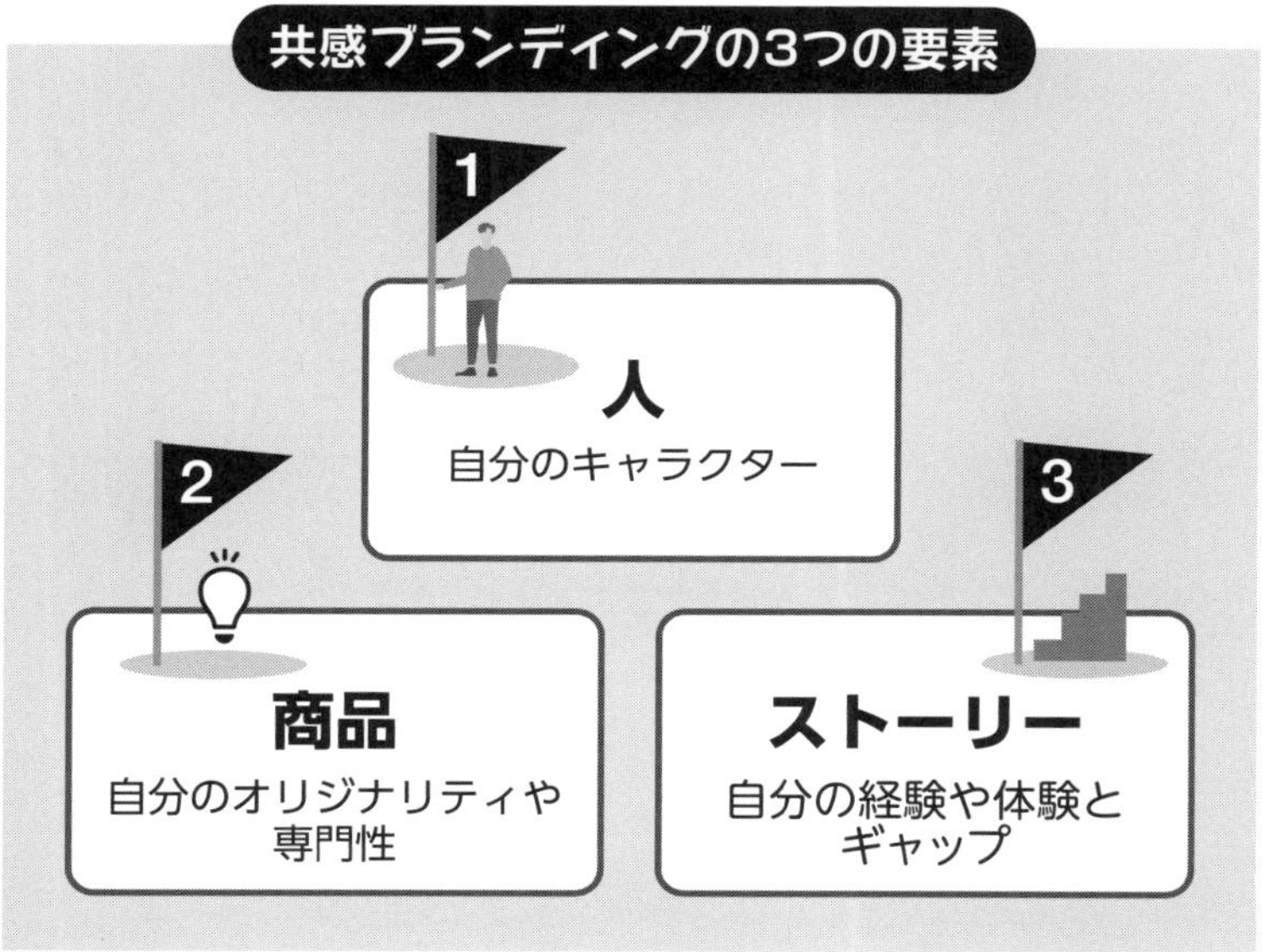

・ニーズのある分野を意味する「マーケット」

に分類します。

これら三つの分野が重なり合うところがあれば、それがあなたの強みです。

もし重なり合うところがなかった場合、「リソース」すなわち、これまでの経験や得意な分野から自分の強みを見つけるとよいでしょう。

(2)商品（自分のオリジナリティや専門性）

二つ目は「商品」です。

商品というのは自分自身のオリジナリティや専門性を意味します。まず自分の肩書は何だろうと考えます。肩書といっても部

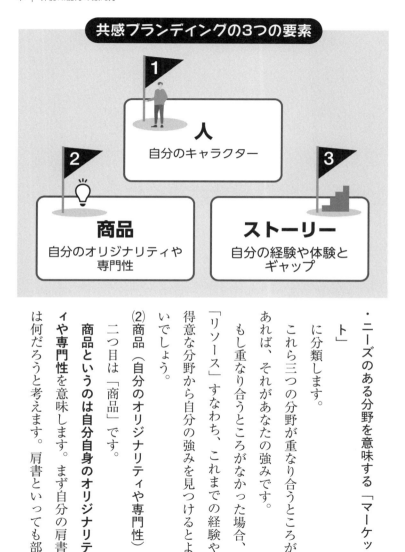

長や課長といった会社における職位としての「肩書」だけではなく、むしろ、元大学野球の選手、週末ランナーなど、**自分を代弁して理解してくれる何か**と考えます。

その肩書を探しだす方法は、まず大きいくくりでの肩書を探します。そこから中くらいのくくりの肩書を探し、そこからさらに狭く絞った肩書を見つけます。**自分の肩書が見つかったところで、「社会や周囲に対してあなたが提供できる価値」が見えてきます。**

専門性についても同様に、大きいくくりからどんどん小さく絞っていくことによって、強みのある専門分野がはっきりとして、ブランドとしての価値が明確になり、ブランディングしていく効果は高まります。

これらに加えて、**商品には「信用と信頼」が必要です。信用とは〝過去に得たもの〟**と考えてください。過去の実績、過去の対応、過去の取引など、これまでの行為が信用につながります。そして**信頼とは〝未来に得るもの〟**です。商品への信頼は、これから訪れる未来への期待です。

つまり、お客さまは過去のあなたを信用して未来を託す、すなわち信頼するのです。

あなたの商品の専門性への「信頼」を勝ち得るために、まず信用を、「実績」「技術」

「保証」「安心」「安全」に分類しましょう。これらに分類することで、あなたの商品の信頼はどこにあるのかが明確になります。

⑶ストーリー（自分の経験や体験とギャップ）

三つ目は「ストーリー」です。

ストーリーとは自分の経験や体験そのものですが、どんな人も山あり谷ありの人生なので、その「ギャップ」のことと考えていいでしょう。**お客さまはその人や商品の背景にどんなストーリーがあるのかで魅力的なものかどうかを判断します**。

人の半生にはその人にしかない挫折や成功、成長などがあります。人はストーリーのギャップが大きければ大きいほどその魅力に惹きつけられます。

学年で成績がビリだったギャルが、偏差値を40も上げて慶應義塾大学に合格するというストーリーで話題になった『ビリギャル』も、そのギャップの大きさが人々を惹きつけました。スポーツの世界では、大ケガから復活したサッカー選手、プロ野球選手などのストーリーを知ると、その選手を無性に応援したくなるものです。そのような現象を共感ブランディングにも応用することができます。

■人・商品を反映したストーリーマップを描いてみよう

ストーリーマップは一般に「ユーザーストーリーマップ」といわれ、自社が想定する顧客のストーリーを描いて、それを多くはウェブ上で表現し、購買に結びつけていくマーケティング手法です。いろいろなまとめ方がありますが、たとえば154~157ページの図のように、セルフブランディングに応用していくのです。

ストーリーの話をすると、

「自分はそんなに壮絶・波瀾万丈な人生を送ってないよ」

という人もいるでしょう。しかし、そんな人でもよくよく自分の半生をさかのぼってみると、その人だけのストーリーを見つけることができます。そのためにも自分自身の半生の略歴を示したストーリーマップを作成し、どのような試練があったのか、そこからどう立ち上がってきたのかということを書きだしてみることで、自分だけのストーリーを見つけることができます。

共感ブランディングを成功させるには、自分の「人」（キャラクター）、「商品」（オリジ

ナリティ）、**「ストーリー」（ギャップ）を明確にし、それを継続的に一貫して発信し続けること**が大切です。自分や商品そのものを売り込むのではなく、売りたいものに関するビジョン、共感してもらえるポイント、専門性をバランスよく売り込むことで共感ブランディングが完成するのです。

「これまでの自分」

③ 生まれてから幼少期

両親・家庭環境：父が野球が好きで、父との思い出は休日のキャッチボール。

④ 中学時代

この頃からプロを意識し、野球が強い学校を選んで野球漬けの日々を送る。

⑤ 高校・大学時代

スポーツ推薦で甲子園常連校に入学し、野球部に入部。レギュラーメンバー入りを果たす。プロに誘われなかったが、大学に進学し野球を続ける。

大学では全国から集まってきた上位選手との力の差を感じる。それでも食らいつくも、プロになる道は開かれず、3年生の終わりに就職活動を始め、野球を諦める。

⑥ 社会人として就職

一般メーカーに就職。それまでの野球での経験や体力・礼儀・人物面などが評価され、営業に就く。

自分は意識していなかったが、アスリートとして培ってきたことが活かされ、営業成績も上位に。より「売上を上げれば収入が高くなる仕事」に就こうと不動産業界に転職。

営業所長になるが、それでも自分の城を持ちたいと思い、10年勤めて独立起業。

⑦ 独立・経営者に

不動産会社を立ち上げ、順調に業績を拡大する。20 年足らずの間に、会社は30人規模。不動産の「賃貸」「売買」「管理」「リフォーム」の事業部を持つ、地場の総合不動産として安定経営。

むかしからついてきてくれる社員（部長クラス）に、分社化して任せていくことを検討。自分と同じようなバックグラウンドを持った人材、スポーツにひたむきに向き合ってきたような人材を育てたいと思う。

新卒採用はむずかしく、若手は雇っても定着せず、戦力化もむずかしいのが悩み。

ストーリーマップをセルフブランディングに活かす

まず、①〜⑦のように項目を立てて、自分の「これまで」を振り返り「これから」を予測する

鈴木 太郎、52 歳（仮名）
不動産会社経営

幼少から野球を続けていた。将来はプロになる!という思いでがんばってきたが、プロにはなれなかった。しかし、そこで培った努力する力をもとに、経営者として一定の成功を収める。

「いま、これからの自分」

① 経営について

チームワークを重視。自分がトップ営業マンである時代は終わり、経営者として人を育成することが大事。お金を残すより人を残すために、独立してやっていける社長を増やす。

② 生活

資産：貯金 3,000 万円、一定の賃貸収入がある

信条：1回きりの人生、後悔したくない。

家族：既婚。息子1人、娘1人

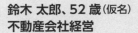

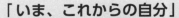

当社（ABU：日本営業大学）を通じて次のステージに上がるべく取り組むケース

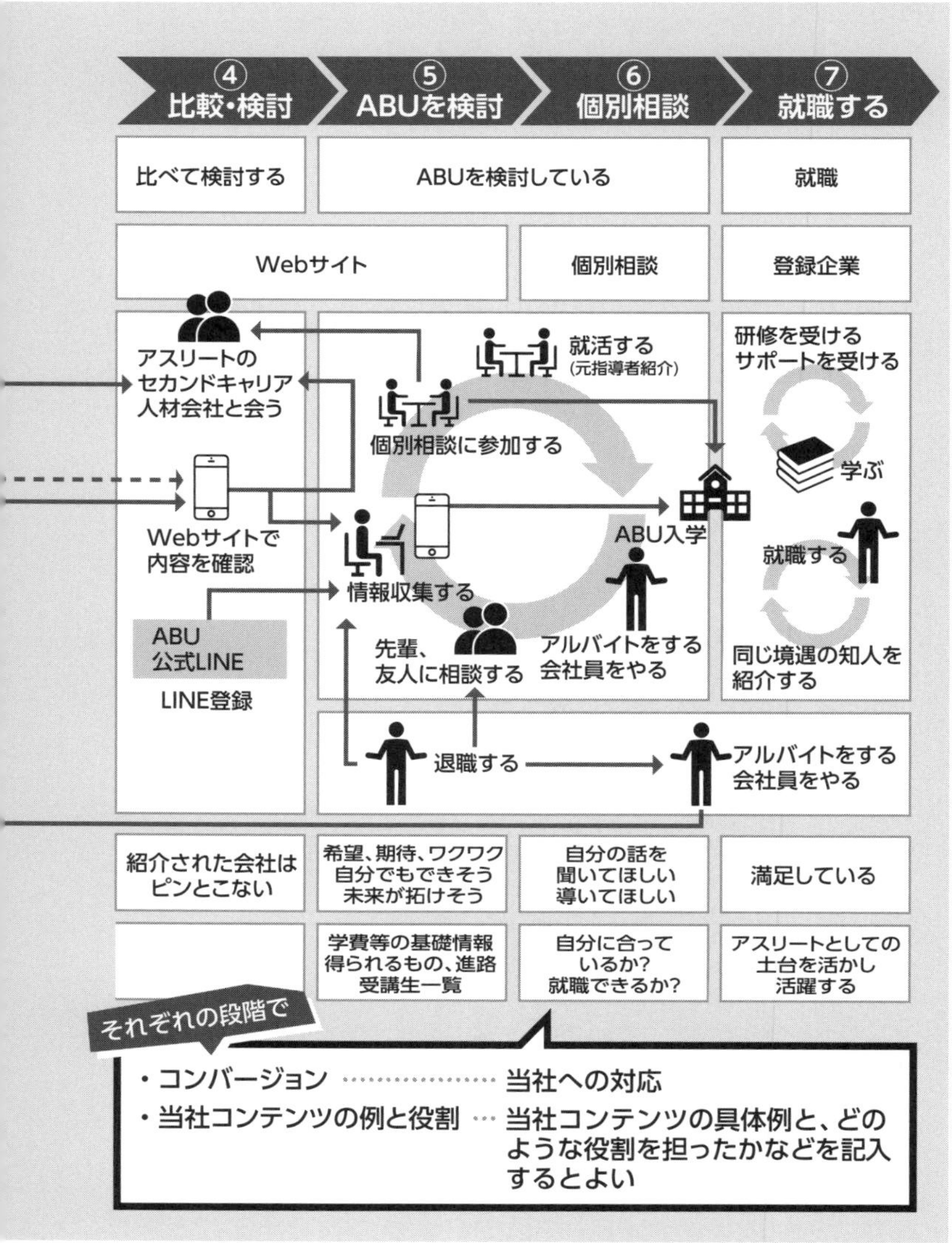
④ 比較・検討
⑤ ABUを検討
⑥ 個別相談
⑦ 就職する
比べて検討する
ABUを検討している
就職
Webサイト
個別相談
登録企業
アスリートの
セカンドキャリア
人材会社と会う
Webサイトで
内容を確認
ABU
公式LINE
LINE登録
就活する
(元指導者紹介)
個別相談に参加する
情報収集する
先輩、
友人に相談する
ABU入学
アルバイトをする
会社員をやる
研修を受ける
サポートを受ける
学ぶ
就職する
同じ境遇の知人を
紹介する
退職する
アルバイトをする
会社員をやる
紹介された会社は
ピンとこない
希望、期待、ワクワク
自分でもできそう
未来が拓けそう
自分の話を
聞いてほしい
導いてほしい
満足している
学費等の基礎情報
得られるもの、進路
受講生一覧
自分に合って
いるか？
就職できるか？
アスリートとしての
土台を活かし
活躍する
それぞれの段階で
・コンバージョン …… 当社への対応
・当社コンテンツの例と役割 … 当社コンテンツの具体例と、どのような役割を担ったかなどを記入するとよい

ストーリーマップをセルフブランディングに活かす

段階	① 無関心(潜在顧客)	② 認知・興味関心	③ 情報収集
自分の状況	引退を決める	引退する	どんな仕事があるかを探す
タッチポイント	検索結果ページ	記事コンテンツ	
行動	引退後の人生について検索する	独立のための準備をする ・仕事を探す ・(元アスリートである)自分に合った仕事を探す 動画やSNSを見る	コンテンツを読み知識を得る 気になる会社や紹介会社を探す登録する 先輩、知人、家族・親族に相談する監督などに報告する
	独立リーグや下部組織でプレーしているが、引退することを考える。		
思考／感情	つらい気持ち 安心感		不安、自分にはスポーツしかないサラリーマン無理
ニーズ	引退後の人生	自分にできる仕事 向いている会社	スポーツの経験を活かせる仕事 スポーツ関連の仕事

上記の①〜⑦の「段階」に応じて
「何を行ってきたか。行っていくか」を記入する

最優先すべきはコミュニケーション能力

非認知能力は生まれながらに身についている資質のようなものもありますが、基本的に「能力」ですから、**身についていなかったとしても大人になってからでも育んでいくことができます**。

その非認知能力のなかで、まず社会人として身につけたいのが「コミュニケーション能力」です。特に最近は、この能力が落ちてきた、時代が新しいコミュニケーションのあり方を求めるようになってきたなど、さまざまな理由から、若い社会人にとって必要欠くべからざる能力となっています。

「コミュニケーション能力を高めるには、ビジネスマンとしての場数を多く踏むことが大事だ」

などとよくいわれますが、実はそれだけでは足りません。**その場において、臨機応変に、どのようなコミュニケーションがとれるかが鍵を握ります。**

■コミュニケーション能力は四つの「力」の複合形

コミュニケーション能力は次の四つの能力から構成されています。

①他者を巻き込む力
②伝える力
③受け取る力
④非言語コミュニケーション能力

では、次項から、これらの力を一つずつ見ていきましょう。

「他者を巻き込む力」を育むには

コミュニケーション能力の一つめの要素である「他者を巻き込む力」は、いい換えると「応援される力」ともいえます。応援されない人の特徴は、左の図の下段のように振る舞ってしまう人で、このタイプの人は意識して図の上段のように振る舞うことが大切です。

なお、図の上段の④「何かを与える」の「何か」とは、お金や資産など「もの」だけとは限りません。与えることができるものには**「時間」や「空間」をつくってあげたり、「自信」を与えるために励ましたり背中を押してあげることも含まれます。**人を紹介して「人脈」を与えるということも、このなかに入ってきます。

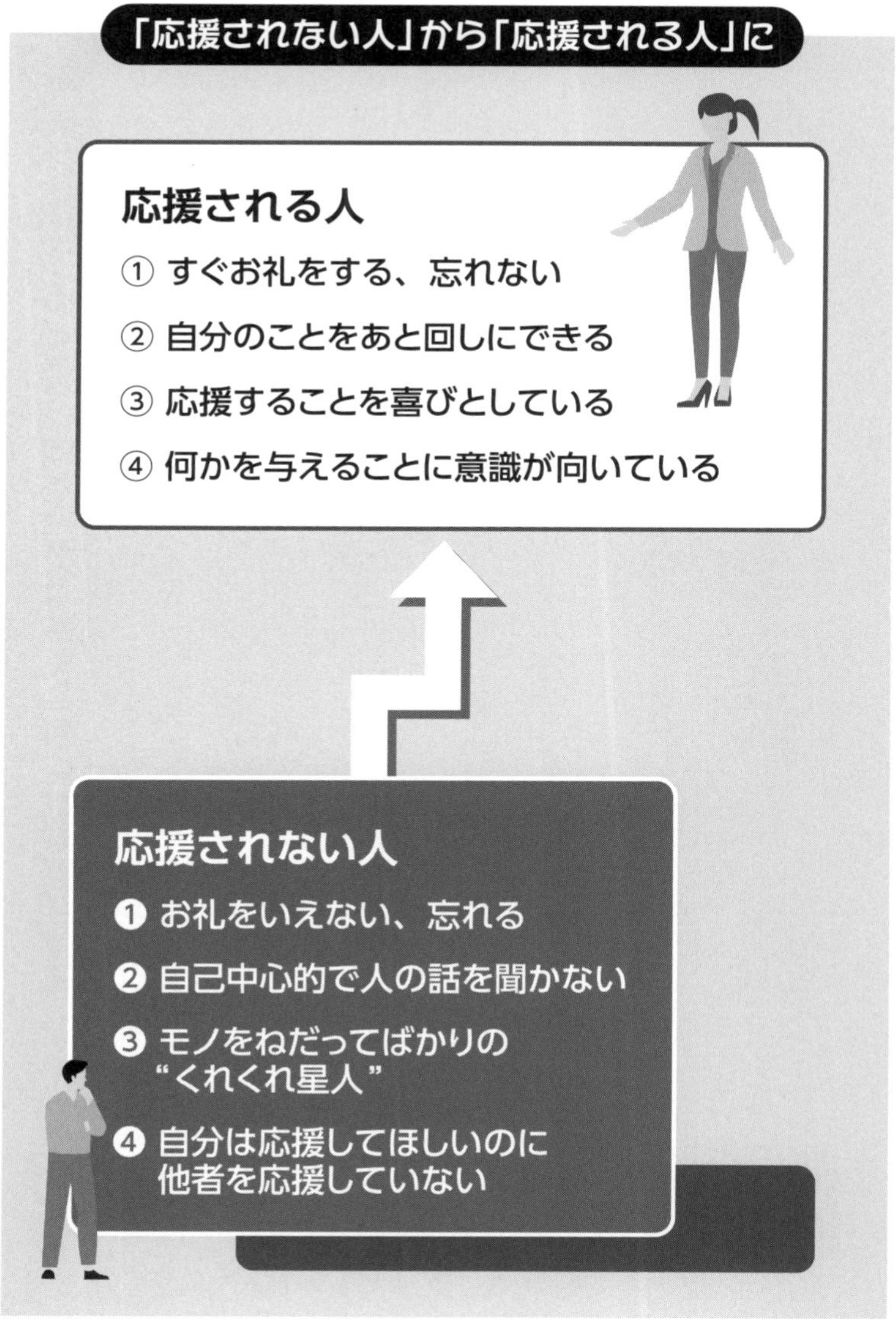
「応援されない人」から「応援される人」に
応援される人
① すぐお礼をする、忘れない
② 自分のことをあと回しにできる
③ 応援することを喜びとしている
④ 何かを与えることに意識が向いている
応援されない人
❶ お礼をいえない、忘れる
❷ 自己中心的で人の話を聞かない
❸ モノをねだってばかりの“くれくれ星人”
❹ 自分は応援してほしいのに他者を応援していない

■人は応援するとき、「何を」ではなく「誰を」を重視する

他の人にたくさん与えることができるものがあるのに、案外、与えることをできている人が少ないのが現実です。余裕がなく、どうしても自分のことで精いっぱいになってしまい、他人を気づかうことができなくなってしまっているのかもしれません。

その状態では、なかなか他者から応援してもらうことはできません。しかも、この「**人を巻き込む力」は大人になってから伸ばすことがいちばんむずかしい**といわれています。なぜなら、この能力はその人の生きざまが大きく試されるからです。

人は「行う内容」に対して応援するのではなく、

「あの人がいうのであれば応援しよう」

「こんなことをしたいから、誰か手助けしてほしい」

など、**応援する側は誰がそれをやろうとしているのかを見ている**からです。同じ内容でも誰がやるのかによって、応援するかしないかが変わってくるのです。

■過去の話より未来の話をする人に、人は集まる

では、どうやって大人になってから他者を巻き込む力を育めばいいのでしょうか。それは**未来の話をたくさんする**ことです。営業職であれば、

「この数字を達成したらこんなことが待っている。そして、来年はこうなるだろう」

などのビジョンを語るのです。**過去の話ばかりする人より、未来の話をする人の周りに人は集まります**。その未来を一緒に見たいと、利益ではなく志でつながることができる仲間が生まれるのです。

普通のサラリーマンでも、自分の5年後や10年後にこうなっていたいという未来の話を恥ずかしがらずにどんどん周囲に語ることで、他者を巻き込む力もついてきます。

■ビッグマウスではなく、謙虚に未来を語るのがコツ

どのように未来の話を語るか、一例を示しましょう。

未来を語る点で長けているのは元サッカー日本代表で現在はサッカー指導者の本田圭佑氏と大リーグ・ロサンゼルス・エンゼルスの大谷翔平選手、元大リーガーのイチロー氏です。

本田氏は若い頃、日本でプレーしている頃から、

「ゼッタイにセリエAで活躍する選手になる」

と公言していました。そのときすでにイタリア語を勉強して、実際にACミランへの移籍を実現しています。語る未来に対して、いま取り組んでいることもきちんと提示していたのです。そして、ワールドカップの解説をするようになったいまでも、自分と選手の距離感を推し量り、「さん付け」すべき選手とあだ名で呼んでいい選手をきちんと分け、また、その瞬間のプレーの数秒先に起こるプレーを予測しつつ解説しています。未来を語るというと、放言して憚らないかのように思う人がいるかもしれませんが、それと対極にいる語り方です。

大谷選手やイチロー氏にも同様のことがいえます。サッカーと野球では時間感覚が異なるので大谷選手やイチロー氏は話す言葉の間を大事にしていますが、その内容は

本田氏と同様、いまの自分と未来の自分を紐づけて語っています。

過去の話ばかりする人とは、どのようなタイプか。たとえば女性に交際を求めるときに、「僕は小学生のときに学級委員で、中学で生徒会をやっていて、高校では部活でキャプテンをやっていました。この僕と付き合ってください」

というか、

「僕はいま普通の会社員だけど、将来はこの会社でリーダーになって、こんな人生を歩みたいと思っている。こんな僕と付き合ってほしい」

というかの差です。二者択一なら、後者でしょう。過去のことをずっと話し続けるような人は、あまり魅力的には映りません。〝ビッグマウス〟とは感じさせず、未来のことを謙虚に喜んで話せる人のほうが人を惹きつけるのです。

「伝える力」を高めるためのフレームワーク

コミュニケーション能力の二つめの要素である「伝える力」をつけるには、マッキンゼーが提唱する**「空・雨・傘」というフレームワーク**が役立ちます。

「空」というのは空が曇っているという「事実」、「雨」は雨が降るかもしれないという「解釈」、「傘」は傘を持って行こうという「行動」を表しています。

■空＝事実、雨＝解釈、傘＝行動を意識して相手に伝えてみる

ここで問題です。

「弊社は商品力が弱いから、年間1億円の赤字が出ている」

この言葉のどこがおかしいでしょう？

正解は「事実」のなかに「解釈」を混ぜて伝えてしまっていることです。

事実は「年間の赤字が1億円出ている」という部分だけで、「弊社の商品力が弱い」というのはその人の解釈にすぎません。したがって、**相手に伝えるときは「事実があって、それに対して自分はこう解釈したので、このように行動すべきである」と提案するべきな**のです。すなわち、この言葉は、

「弊社が年間1億円の赤字を出しているのは、商品力の弱さが理由と考えられるから、まず〇〇を進めよう」

といった展開で相手に伝えるべきことなのです。

「空・雨・傘」を理解してもらったところで、もう一つ問題です。

社長　「社員の会社への不満が溜まっていることがアンケートから判明した。昨今は働き

方改革もブームだし、残業を減らす取り組みを推進していこう」
社員「そうですね！　残業時間を減らせば、社員の満足度も上がりそうです」
さて、どこがおかしいでしょう？

正解は、「事実」はアンケート結果から発覚した「従業員の不満が溜まっている」ということだけなのに、その原因を残業のせいだと「解釈」し、残業を減らすという「行動」に移そうとしていることです。

事実としてわかっていることは不満があるということだけなので、残業が原因だと解釈するのは早計です。したがって正しく解釈するためにも、社長は社員に対してなぜ不満があるのか再度アンケートを取るという行動を選択するのが正しい考え方であり、社員への伝え方なのです。

なお、「空・雨・傘」を意識するメリットは、論理的で納得感のあるストーリーを組み立てることができるところにあります。それは自分の企画を通したり、判断や行動の説明をしたりする際に力を発揮してくれます。

「非言語コミュニケーション」の高め方

コミュニケーション能力の三つめの要素である「受け取る力」は、これまで本書で伝えてきたように「素直さ」が何より大事です。一朝一夕にはできないかもしれませんが、**相手の話には常にあいづちを打ってから自分が話し始めるなど、基本的なことを踏まえておくとよいでしょう。**

そして、四つめの非言語コミュニケーション能力を高めるには、メラビアンの法則を理解しておくことがとても有効です。誤解されがちなのですが、メラビアンの法則とは「いい話をしても、服装や表情がよくないと信用してもらえない」といったことではありません。「話のなかに矛盾があったときに、聞き手がいちばん重視するものは見た目である」

という解釈になります。

■聞き手が得る情報は三つ。55％は「見た目」によるところが大きい

人が何かの話をするとき、聞き手が得る情報には「言語情報」「聴覚情報」「視覚情報」の三つがあります。

まず言語情報はメッセージの内容そのもので、聞き手はこれを7％の割合で重視するとされています。7％となると、案外重要ではないことがわかります。

次の聴覚情報は声のトーンや口調のことです。聞き手はこれを38％の割合で重視するとされています。

最後の視覚情報はボディランゲージや見た目のことで、この情報が最も大きく、55％の割合で重視するとされています。

ここで誤解されてしまいがちなのが、前述した「いい話をしても、服装や表情がよくないと信頼してもらえない」というものです。そうではありません。**話す内容はもちろん大**

事ですが、声のトーンやボディランゲージなどは話の内容以上に大切であるということなのです。つい話の内容ばかりに一生懸命になりがちですが、それだけでなく、**聴覚情報と視覚情報とも補完し合うことで、より信頼度が増したコミュニケーションをとることができるようになる**のです。

楽しい話をするときには楽しそうな声で、楽しそうな身振りや素振りで話をする。それが、本当に楽しいものであるということを相手に伝える手段になるわけです。

前項の「空・雨・傘」でメッセージ自体の構成を磨き、メラビアンの法則でより伝わるようにすることができれば、そのメッセージは強く、かつ正しく伝わります。

タイプで分けるコミュニケーション能力

コミュニケーションには、その人が生まれたときから持つ性格や生活習慣、職業などによってあとから身についたクセなども関係してきます。総じていうと、それらによって、コミュニケーションは、174〜175ページの図のように四つのタイプに分類できます。

このタイプについては、スポーツをやってきたかどうかは本質的には関係ありません。ですが、どのタイプであっても自分がどのコミュニケーション・タイプなのかを知っておくことは、コミュニケーション能力向上の一助になります。

■コントローラー・タイプの人は、やさしさをオモテに出そう！

コントローラー・タイプの人は、一般的な行動傾向として、行動力があり、リスクを恐れずに目標を達成しようとする起業家タイプといえるでしょう。対人関係では人をコントロールしたがり、逆に自分をコントロールしようとする相手には反発してしまいます。人を寄せつけず、やさしい感情をオモテに出すのが苦手で、人をなかなか信用せず人の気持ちに鈍感になりがちです。

弱点・苦手な面をすぐに克服はできませんが、たとえば「**うれしかった、助かった、感謝している、ありがとう**」など、**やさしい感情をオモテに出せるよう気に留めておく**のも大切なことです。

■プロモーター・タイプの人は、違うタイプもいることを意識しよう！

プロモーター・タイプの人の一般的な行動傾向としては、アイデアが豊富で何かを創造

サポーター	アナライザー
●人を援助することを好む、穏やか、協調性が高く意欲もある ●計画や目標を立てることには関心がない ●決断には時間がかかる ●人の心を読むのが得意、直感力がある ●感情に基づいて判断する、リスクを冒すことには弱い ●ビジネスよりも人を優先する	●物事に取り組むときデータを集め分析する、プランニングが好き ●客観的、冷静 ●失敗や間違いが嫌い ●系統立ったことや規則を好む ●粘り強く最後までやり遂げる ●変化や混乱に弱い ●先見性がある、堅実で優れた仕事をする ●明確で論理的な話し方
●他者の気持ちに敏感 ●親密な人間関係を築く ●人の期待に応えるような行動をとる ●人の心を休める、気配りがある ●対立を避ける、つながりを大切にする ●NOといえない ●無意識に感謝や愛情を求めている ●常に関心を持たれたい	●他人からは頑固・まじめといわれる ●孤立が気にならない、傍観者になりがち ●他人の批判をあまり好まない、自分のことは話さない ●大人数は苦手、感情表現は得意ではない ●フィードバックや情報も深刻に捉えがち ●安定・安全な人間関係を好む

コミュニケーションの4タイプの行動特性を知る

	コントローラー	プロモーター
一般的な行動傾向	●行動的・エネルギッシュ、自分の思いどおりにすることを好む ●リスクを恐れず目標達成に邁進する ●決断力あり ●人間関係より仕事優先 ●起業家タイプ、正義感が強い、ペースが速い ●正直でおおらか、自分の内面に目を向けるのは苦手 ●話を聞かず結論を急ぐ	●アイデアが豊富、人と活気があることをしたり、楽しいことが好き ●細かいことはあまり気にしない、計画を立てたり計画どおりにするのは苦手、飽きっぽい ●変化・混乱に強く順応性が高い ●新しい仕事は得意だが、定期的な点検は苦手 ●未来を描くことを好む、仕切るのが得意
対人関係	●人を寄せつけない印象を与える ●やさしい感情を出すことは苦手 ●人をコントロールしたがる、自分をコントロールする人には反発する ●戦いを通して相手を知ろうとする、弱みを見せないために他者を攻撃する傾向がある ●人を信用しない、人の気持ちに鈍感なほう	●一緒にいて楽しい人 ●ときにうぬぼれ屋・お調子者といわれる ●よく話すが、聞かない ●話の展開が早い、過去の規則や慣習に囚われず、社交的でオープン ●人を承認するのが好き、承認されるのも好き ●人のモチベーションを上げる、気軽にコミュニケーションを交わす ●感情表現が豊か

することが得意です。活気があるなかで人と何かをするのが好きで、細かいことは気にしません。常に変化を求めるため、飽きっぽい反面、変化や混乱には強く順応性が高いです。単純作業の仕事は苦手で新しい仕事を求め、未来を自由に描くことを好みます。

対人関係は一緒にいて楽しいと思われる反面、お調子者やうぬぼれていると思われることもあります。あまり人の話を聞かないというのもこのタイプの特徴です。人を承認するのも好きですが、承認されるのも好きです。

このタイプの人は、まず、**世の中には自分と違うタイプの人、たとえば地道にコツコツとやることが好きな人もたくさんいることを忘れずにいたい**ものです。

■サポーター・タイプの人は、ときにはNOといってみよう!

サポーター・タイプの人の一般的な行動傾向としては、人の援助をすることが得意で、穏やかで協調性が高く、人の心を読むことに長けています。

対人関係は他者の気持ちに敏感で、人間関係をよりよくしようと行動します。そのため人との対立を避け、人の期待に応えようとします。したがって、人の言葉に対してNOということができません。

無意識に感謝や愛情を求めているのも、このタイプの特徴です。

サポーター・タイプの人は無理をしがちな面もありますが、**どうしても嫌なときは、NOと申し出てみてください。実はその経験が本来のサポーターの役割を強め、よりよいコミュニケーションができることにつながります。**

■アナライザー・タイプの人は、自分の〝好み〟を前面に出してみよう！

アナライザー・タイプの人の一般的な行動傾向としては、とにかくデータを集め、それをもとに物事に取り組みます。計画性があり、物事を冷静に客観視して進めることができます。粘り強く堅実で、よい仕事を最後までやり遂げます。

対人関係は頑固や真面目という印象を持たれがちで、慎重に人と付き合います。孤立してもあまり気にせず、傍観者の立場に回ることもしばしばあります。自分のことは話さず、他人を批判することも好きではありません。

しかし人が嫌いというわけではなく、むしろ人が好きです。ただ大勢を相手にするのは苦手です。ネガティブな性格で感情表現が得意ではありませんが、安心・安全な人間関係を好みます。

このアナライザー・タイプの人は自分の好き嫌い、特に好きであることを表現することから始めてみましょう。理屈や理由は不要です。**単純に好きなこと・ものを「好きだ」というえることで、人間味が出てきます。**話せる相手が少しずつ増えてくるでしょう。

■タイプは決めつけず、なりたい自分をめざすのがベスト

どんなタイプにも共通していますが、ここに挙げた四つのタイプは、もともとの性格に関係なく、就いた職業によって変化することもあり、複合的な面もあります。

たとえば、理系の人にアナライザー・タイプの人が多いのは確かでしょうが、このタイプばかりではありません。経理マンは数字をよくチェックしているので、アナライザー・

タイプであら探しが得意な印象を持たれますが、もともとそういう性格だったとは限らず、経理職に配属されたために仕事を通してアナライザー・タイプに寄っていったというケースもあるでしょう。

なかには、物理学者や医師で、バリバリのアナライザー・タイプの人でも、われわれ一般人がわかりやすいように専門用語などを平易に説明してくれる、フランクな人もたくさんいます。何事かを成し遂げた余裕からでしょうか、ノーベル賞受賞者などにはこのタイプの人が多いようです。

コミュニケーション能力のタイプは、あくまで傾向にすぎず、「このタイプであるからあの人は絶対こういうコミュニケーションをするだろう」と断言はできません。職業情報などで相手のタイプを決めつけるのは禁物です。

その一方、**「自分にはこういうところがある」と感じたら、少しずつ「なりたい自分」に向けて変えてみるのはよいこと**です。ぜひ、新しい自分にトライしてみてください。

「意欲」「粘り強さ」「忍耐力」の鍛え方

幼い頃から培ってきたもの、もともとの資質とも考えられる非認知能力として「粘り強さ」や「忍耐力」など、辛抱強く我慢するという能力があります。ところが、これらの非認知能力も、大人になってから育んでいくことは可能です。

■小さな積み重ねが習慣化し、忍耐力を育む

ここでキーワードになってくるのが「習慣化」です。この習慣化するということをトレーニングによって実現できれば、我慢強さというものも育むことができます。

アスリートの場合、日々の練習がこの習慣化のトレーニングになっています。特に基礎練習などの同じ動作を何度も繰り返すような練習は、我慢強く同じことをやり続けるという意味で、忍耐力を育むには打ってつけのトレーニングになります。

まさに「雨垂れ石を穿つ」ことにつながっていきます。

ただし、大人になってから何かのスポーツを始め、基礎練習を重ねるというのも、ジムに通ったりプールで泳いだり、ウォーキングを楽しんだりすることは別として、現実味がありません。そこで、**どんなトレーニングでもかまわないので、小さいことから習慣として始めてみる**ことをおすすめします。

辛抱強く我慢する能力を育む観点で、私がおすすめしたいのはスクワットです。1日めは1回、2日めは2回と毎日回数を増やしていく。それをお風呂場や洗面所、リビングなどどこでもいいので、日常の同じタイミングで毎日行っていくのです。

歩数計などで1日何歩は最低でも歩こうと決めて測ってみるのもいいでしょう。ほとんどのスマートフォンに万歩計が内蔵されているでしょうから、初期投資もかかりません。毎日どれだけ歩いたのかを気にかけるだけです。

このような簡単・単純なことを継続することができれば、習慣化するコツをつかむことができます。毎日同じようなことを繰り返し、最終的には歯磨きのようになり、習慣化している意識すらなくなってきます。**やらないと、いまひとつ調子がよくないと思えるくらいになればしめたもの。完璧な習慣化**です。

継続できてくると、自分への自信にもつながり、もう少しむずかしいことを習慣化してみようと思えるようにもなります。そのための最初の一歩として、簡単・単純なトレーニングを毎日繰り返すようにする。これが大人になってからの「忍耐力」の育み方です。

「計画性」「自制心」「協調性」の鍛え方

ここでは若者というより会社のミドルクラスのマネジメントにおいて活かされる「計画性、自制心、協調性」という非認知能力の鍛え方を紹介していきます。

■やること・やらないことを決めて守ることが計画性の第一歩

まず計画性から考えていきましょう。ここでいう計画性とは自分自身の行動についての計画性のことです。年間計画や月間計画をはじめ**自分自身の行動をきちんと計画性を持って決めていけるかどうかが、計画性がある人とない人の違い**です。

計画を立てるうえで大事なのは、「やらなくてはいけないことを決める」ことです。ここが自制心につながります。たとえば木曜日の午前中はこれをする、と決めてしまうのです。そうやって**やらなくてはいけないことを優先して予定を埋めていくことが、計画性の向上につながります**。

このことに加えて、**「これはやらない」ということを決めることも大切**です。たとえば仕事終わりに同僚と飲みに行っても23時には帰る（23時以降は飲みに行かない）など、自分で「これはやらない」ということを決めるのです。

時間刻み・分刻みのスケジュールを完璧に立てることを計画性ともいいますが、いきなりこれをやるのは無理というもの。重要ではない急な予定に振り回されたり、その場の楽しい雰囲気に流されたりせずに、**自分がやると決めたこと、やらないと決めたことを着実に守ることが計画性の向上の第一歩になります**。

これは個人の話はもちろんチームにもあてはまり、**チームの計画性は協調性にもつながってきます**。チーム内でこれだけはやろう、これはやらないでおこうと、決め事をするのです。それらの項目をリスト化するのもいいアイデアです。

こうしたことができるようになれば、チーム全体としての計画性の向上を図ることも可能です。**計画性の向上によってチームとして成長することができれば、それは個人の成長にもつながり、個人が成長すればまたチームとしても成長できるというポジティブなサイクルをつくることができる**のです。

■無計画の結果を真摯に受けとめ、次の行動に移すことが大事

私の知り合いの元サッカー選手を例に挙げましょう。

彼は自分で服のブランドを立ち上げて、1年間個人事業主としてやっていました。立ち上げ当初は月次の計画も立てずにそのときの流れでやっていたのですが、案の定うまく売上を伸ばすことができませんでした。

このような状況になって初めて計画を立てようと思ったのです。そして彼は1年のうちに各都道府県のサッカー場に出向いてブースを出店しようと計画を立てました。

まずは、「何月にはこのスタジアムに出向いて、何月にはこのサッカー場に行こう」

という計画、すなわち月次の行動計画です。そのために、

「いまやらなくてはいけないこと、逆にやらなくてもいいことは何か」

と考え、より緻密に行動計画を立てていきました。

そして自身で計画したサッカー場を回り終え、彼は自分のブランドを個人事業から株式会社に組織変更しました。サッカー場を回り終えたことで達成感が生まれ、次のステージに上がることへの自信が芽生えたのだと思います。

彼は、株式会社に組織変更したいまでも、当初の無計画だった頃の失敗を忘れずに、しっかりと月次の計画と年度計画を立ててビジネスをしています。

■各々が相互に関連し合って能力として高まる

この話を聞いて、

「そんな簡単に、スタジアムでブースを出店することなんてできるの？」

と思った方も多いと思います。確かにこれは簡単なことではありません。ここで重要になるのがサッカー場を回るなかで培われたコミュニケーション能力です。

彼がすぐれているのは、**「頭を下げる」ことができる**という点です。頭を下げるという行為は何かお願いするときにはあたり前だと思われがちですが、これがなかなかできないものです。頭を下げる相手が選手時代に使っていたサッカー場のスタッフなら、なおさらでしょう。頭ではお願いする立場だとわかっていても、どうしても謙虚になりきれずプライドが邪魔をするものです。

彼のようにブースを出店するケースで勘違いしがちなミスとしては、下手《したで》に出られないことです。

「いま僕たち、こんなことやってるので、よかったら出店させてもらえますか？」

といった遠慮がないお願いのしかたでは、あたかも、

「Win-Winな関係になれるので、よろしく！」

といったような不遜な印象を相手に与えてしまいます。**しかし、すでに立場が変わっているので、謙虚に頭を下げてお願いすることが大切**です。彼のお願いのしかたは、

「スタジアムに伺うので、私たちのブランドを販売するブースを、出店するスペースをいただけないでしょうか。お願いします」

です。相手にビジネスを持ちかけているというよりも、純粋にお願いをしているように聞こえます。このような立場をわきまえたお願いをしているのを他の関係者が見て、

「今度、別の場所でもブースを出してみないか?」

と声をかけてもらったこともあったそうです。

これがマネジメントにおけるコミュニケーション能力、交渉力にあたるものですし、前述した「応援される能力」にもつながっていくものです。**計画性や自制心、協調性は、それだけが〝独り歩き〟して非認知能力として育まれるわけではありません。相互に関連し合って、能力として高まっていくもの**です。計画は実行しなければ意味がありませんが、そのときには協調性や自制心が大いに役立ってくれて、計画どおりに達成することがより高次な協調性や自制心につながっていくのです。

そのような活動を続けてきた彼のブランドは、いまではサッカー場だけではなく百貨店に出店するまで順調に成長しています。

「創造性」「思慮深さ」「洞察力」を鍛えるなら読書がおススメ

昨今の若い社会人は創造性、すなわちゼロから1を生み出すクリエイティブな能力に長けていると感じます。

その反面、「思慮深さ」や「洞察力」といったコミュニケーション、特に年配の方が持つ人生経験に裏打ちされたような部分に関わる能力については、弱いところもあるのが若い人の現状ではないでしょうか。それは若い社会人はコミュニケーションが希薄だったので、他の人に対して興味がなくなってしまっているのが原因の一つだと考えられます。

では、思慮深さや洞察力を大人になってからどうやって育めばよいか。まず、**人に対して興味を持つことから始める**ことをおすすめします。

■本を読み、疑似体験することで価値観が広がる

私がおすすめする方法は本を読むことです。本を読むことによって、登場人物に自分を重ねて疑似体験をすることがねらいです。小説のほかノンフィクションでもストーリー性のあるものなど、登場人物が多い本がよいと思います。

疑似体験を通して多様な価値観があることを知り、価値観を広げていく。登場人物の価値観を知り、登場人物の台詞についてどんな言葉づかいをしているのかなどに思いをめぐらせることで、思慮深さや洞察力が育まれます。すると、現実の世界でもLINEやメールの文面に違いを感じるようになり、**電話で会話するだけでも、その人がいまどんな気持ちか、どんな価値観を持って会話をしているのかなどを感じようとする**ようになります。

かつては筆跡によって書いた人をプロファイリングするような技術もありましたが、一般の人が文面や声だけで相手がどう思っているかを即断することはできません。大切なのは、相手がいまどのような気持ちなのかなどと人に興味を持ち、察することです。

真摯な態度で耳を傾けることで見えてくる〝本物の知恵〟

世のなかにあふれている知識や情報には、実は社会で生きていくうえで必要な知恵がたくさんあります。私も含め現代人は、それらの知恵に気づかずにやりすごしているだけなのかもしれません。

世のなかにあふれる知識や情報のなかに知恵を見つけ、身につけるためには、より意識して行わなければならないことがあります。それは**「人の話を聞く」ということ**です。

人の話を聞くことが大事だと、子どもの頃から両親や学校の先生に耳にタコができるほどいわれてきているでしょう。ところが、なかなか上手に人の話を聞くことができない人がいます。人の話を聞くということを、専門的な用語で「傾聴」といいますが、この傾聴のスキルを磨いていきましょう。

■話は「最後まで聴く」という姿勢を徹底しよう

たとえば、上司が部下の話を聞いているときによくありがちなのが、話の途中で「何がいいたいのか」を勝手に上司が分析して話をさえぎり、「要はこういうことがいいたいのだろう」と結論づけてしまうことです。そして、勝手に話の内容に対するアドバイスなどを話し始めてしまうのです。

部下が伝えたいことが、実は話の先にあったとは知らずに結論づけてしまう。その結果、部下も「面倒くさい」というモードに入ってしまい、

「アドバイスありがとうございます」

などと、思ってもいない返答で話を締めくくってしまうのです。

傾聴というのは、文字どおり、耳を「傾けて聴く」ことです。**相手が何を伝えたいのかを自分勝手に分析するのではなく、まずはしっかりと相手の話を最後まで聴く、**それが大

切なのです。

人との会話のなかには、知らない知識や情報がたくさんあります。その**知識や情報のなかに、その人の実体験に裏づけられた学ぶべき知恵を発見することもできます**。まずは人の話を、耳も身体も傾けて聴いてみる姿勢を見せていきましょう。

■傾聴力にとっていちばん大事なのは、相手を想う気持ち

私の知り合いの高校野球の監督が、この傾聴力がとてもすぐれているので紹介します。

彼は選手と1対1の会話をする機会をよく設けるのですが、その選手がどんなことを考えているのか、何に興味があるのか、どこに特性があるのかなど、常に一人ひとりのことをよく知りたいという姿勢で接しています。これがまさにすぐれた傾聴のスキルです。

そのような姿勢を持って選手と接するなかで、この選手がどこのポジションに適性

があるか、どんなコミュニケーションをすれば伸びるだろうかということを探っているのです。

さらに、高校生活での野球の技術だけでなく、もっと先の話、たとえば大学進学後や社会に出てからも人間として大きく成長できるようになるには、どう返答すべきかを考えて接しています。

これは会社内の上司と部下の関係でも同じことがいえます。自分が部長をやっている間だけ部下が成長すればいいと思って接することと、自分が定年退職したあと、もしくは部下が異動したあとでも成長していけるように接していくのでは、大きな違いが出てくるのです。

■本物の知恵を得るために、失敗も傾聴のスキルとして取り込む

会社としては、傾聴のスキルを組織の仕組みとして組み込むことも検討に値しますが、

この点ですぐれていると私が思った会社はGoogleジャパンです。社員は何か失敗したとき、それをかならず上司・会社に報告しなければいけないことになっています。まず、**失敗を報告することで、自分の失敗を公開するという文化ができます**。その文化が自己開示する力といったらいいのでしょうか、一つの非認知能力を育てます。すると、同じ失敗をしなくなるのです。

しかもGoogleジャパンでは、**失敗を報告をすることで、周りからは褒められる**のです。このことにより、失敗を報告しやすくなる環境ができ、しかも失敗事例をたくさん集めることができます。他の社員たちも、いろいろな失敗事例を学び、自分と自分の仕事に活かすことができます。

もう一つすぐれた点だと感じたのは、目標設定のしかたです。多くの会社は売上を前年比１１０％などと現状から想定し得る程度の目標を設定しがちですが、Googleジャパンでは前年比の10倍で目標を設定します。

これは、何も翌年10倍にしなくてはいけないということではありません。あくまで数年後に10倍を達成しようという目標設定であり、逆にいうと、数年後に10倍の売上の目標を設定できない事業は事業として魅力がないと考えるのです。また、数年後に10倍の売上の目標を設定したら、**常に数年後の未来から逆算して、当年度、次年度の目標を設定します**。

社員は、いま1億円の事業を数年後に10億円にするためには何が足りないのか、何が必要なのかという**逆算の思考法を新入社員のときから身につけていく**のです。その思考法が身についていれば、おのずとビジネス上の会話の内容も変わってきます。上司と部下の間では、何を伝え、どんな返答をしなければいけないかが明確になっていくのです。

■目標は数字合わせではなく、先を見通す能力、熱意によって生まれる

いまの時代、先が見えない状況のなかで数年後の目標を設定するのはむずかしいかもしれません。去年の正解が今年の正解ではなくなっているほどのスピード感があります。だからこそ**先を見通す能力が必要とされています。それは、能力というより熱意のようにも思えます**。

日本の企業でも、経営企画室などで同様に何年後かに規模を10倍にしようと、いわゆる

中期・長期の経営計画を立てているところは多いはずです。しかし、その下の各事業部・各部署に目標を落とすときに、「とりあえず来年は120％、規模を拡大しよう」と数字合わせのような短期計画になってしまう企業が多く見られます。

するると、役員・管理職ではない多くの一般社員には、数年後の未来の10倍の規模拡大の目標が頭のなかにないまま、かつその熱意が伝わらないまま、日々の仕事に向かうことになってしまいます。そこが、多くの情報から知恵や熱意を見つけだすことのできる企業と、そうではない企業の大きな違いではないでしょうか。

「ねばならない」に固執しない

これからリーダーになる立場の方々は、リーダーシップという非認知能力をどう磨いていけばよいのでしょうか。リーダーになると、「自分が引っ張っていかなくてはならない」などと、自分で決めたいろいろな「ねばならない」というものが出てきます。

しかし、この**「ねばならない」に束縛されているだけでは、これからの時代、リーダーシップは発揮できません。**

■これからは後ろから押し上げていくスタイルで!

これからの時代に求められるリーダー像は、従来の先頭に立つリーダーではなく、むしろ「サーバント型」と呼ばれるリーダー像です。**引っ張っていくというより、後ろから押し上げていくようなイメージ**です。

先頭に立って、「俺についてこい」というタイプのリーダーではなく、いちばん後ろで土台として皆を押し上げていく役割ですから、まず、従来のように、自分で「ねばならない」というルールのようなものはつくらないほうがいいでしょう。

しかし、いちばん後ろで部下のがんばりを見張るような試験官タイプだと、部下はリーダーとは認めてくれません。サーバント型のリーダーとしては、まず、前述の高校野球の監督のように、**部下と呼べる人たちにより一層の興味を持ち、一人ひとりと対話する時間を増やし、自分がどう思っているかよりもみんなはどう思っているのかに目を向ける**ようにします。

そして数字や実績だけではなく、部下の人としての部分を見ていくということができると、より今日的なリーダーに近づくことができます。

第4章で述べた**女性におけるリーダーシップも、「みんなでがんばろう」から、「私につ**

いてきなさい」と引っ張れる一方で、「私が見ているから、安心して伸び伸びとトライしよう」という方向になることが大切になってきます。

■サーバント型のリーダーシップを発揮できる人が増加中！

このサーバント型のリーダーシップを発揮できる人が、若い経営者に増えてきたように思います。また、スポーツの世界でも、高校野球や高校サッカーの監督やコーチをはじめ多くの人材がサーバント型のリーダーシップを発揮するようになっています。

このサーバント型のリーダーシップを発揮する代表格が、サッカーワールドカップ2022で実績を挙げた森保一《もりやすはじめ》監督ではないでしょうか。

スポーツにおけるサーバント型リーダーシップとは、第一線で戦っている選手のことを第一に考え、自分は彼らが動きやすい環境をつくることに徹するということ。選手ファーストで、責任は自分が引き受けることで選手に安心感を与えられる人です。面識はありませんが、彼はきっと、自分を曲げない芯の強さを持った人だと思います。

第6章

器の大きさに比例して人は集まる

人が見ていないときこそ徳を積む

「陰徳」とはどのようなことでしょうか。もともとの意味は「**人が見ていないところで徳を積む**」ということです。身近な例を挙げると、ゴミが落ちていたら拾う、スリッパや靴を揃えるなどの行為が挙げられます。

スポーツの世界では、実はこの陰徳を積む行為を大切にしています。プロでもアマチュアでも、誰も見ていないところで努力をするという習慣が、非認知能力の向上に貢献しているのではないかと考えています。練習中も、監督やコーチがいないところでも全力でプレーできるとか、練習後に自主練習で家の前で素振りをするなど、見ていないところで努力することが陰徳を積むということです。

■人知れず努力することで、思慮深さが培われる

この**陰徳を積むことの重要性は、社会に出ても同じ**です。今日は上司が休みだから僕たちも喫茶店に行ってひと休みしようという考えではなく、誰が見ていようがいまいが関係なく、自分の仕事のために努力できることが陰徳を積むことにつながります。

そして、**陰徳を積むことに慣れれば、他人の陰徳も理解できるようになります。**

「彼は陰でがんばっているんだ」

「家に帰っても彼女は資格取得の勉強をしているのだから、私もしっかりやろう」

などと、他人の状況を察したりすることもできるようになるでしょう。この気持ちが信頼につながります。そして、互いに切磋琢磨できる環境につながっていくのです。

ビジネスにおいて「心が豊かになる」とは、他人のことを配慮できることにほかなりません。陰徳を積むことは、結局のところ配慮できる力を身につけることにつながっているのです。

俯瞰でものを見ること、感動感度を高めることが大切

メタ認知という表現は少しむずかしいかもしれませんが、簡潔にいうと**自分の言動などを俯瞰することができていること**です。たとえば、誰かと二人で話しているとします。それをそばで第三者が見ている。そのような状況で、第三者に自分たちはどのように見えているのだろうかと考えることができる能力がメタ認知です。

この点では、**メタ認知が備わっているということは、俯瞰的であるとともに、客観的な思考力があるということになります**。

加えて、客観的な判断力もメタ認知の一種といえるでしょう。

「こんなことをしたら、彼はどう思うだろうか」

と客観的に見て、どんな行動をとるべきかを判断すること。これもメタ認知です。

自分を客観的に見る能力を養う

アスリートのなかにも、このメタ認知にすぐれている選手がたくさんいます。その理由は学生時代からメタ認知を培う環境があるからです。一例を示しましょう。

中学時代、監督によく叱責《しっせき》されている選手がいました。そのとき、

「俺には関係ないや」

とばかりに、その状況を見て見ぬ振りをする選手もいました。私もその一人だった経験があります。ところが、その監督と叱責されている選手のやりとりを聞いて、

「こういうことをしたら監督は怒るのか」

と学びを得る選手もいました。後者の選手は監督が怒っている状況を客観視して、学びを得ることでメタ認知能力を高めていたのです。ちなみに、私も含め前者の選手

は後日同じミスをやって、

「今度はおまえか！」

などと、監督に叱られました。そうやって、中学生でも徐々にメタ認知能力を高める経験を積んでいくのです。

■「ありがとう」が素直にいえるために感動アンテナを立てておこう

感動感度とは、小さなことでも自分の感情を動かせる力のことです。

感動感度は感動して泣くような経験をすることによって育まれていくものですが、最近の若い世代は、「感動して泣く」という経験が少なくなってきているように感じます。情感に乏しいという表現ができるのかもしれません。

ところが、スポーツに取り組んできた若い人は、優勝してうれし泣きし、負けて悔し泣きするなど、感動して涙を流す経験を多く積んできています。かつては甲子園で負けた選手が悔し泣きすると、

「男が人前で泣くもんじゃない！」

という大人もいましたが、それは遠い過去の話。いまは素直に感情表現することが教育上もふさわしいと考えられています。それだけに、**アスリートは感動感度が高い傾向にあります**。

もちろん、感動感度を育む方法は、スポーツだけではありません。映画を鑑賞することもその手段の一つです。音楽を聴いたり、本を読んだりすることで感動して泣くのもいいでしょう。スポーツでも、実際にプレーせずとも観戦することで感動して泣くこともあるでしょう。**小さなことでも、感動したら大声で泣いてもいっこうにかまいません。そのほうが情感にあふれ、他人を思いやることができる心の豊かな人間になれる**のです。

この感動感度について大切なことは、**自分が感動するものにアンテナを立てておく**ことです。感動感度の高い人は、他の人が自分にやってくれたことに、素直に感動することができます。**小さなことでも「ありがとう」といえるようになり、そのありがとうの言葉の質も変わってくる**のです。

Well-being がもたらす充実感

「Well-being」には決まった訳はなく、「身体と心、それに加えて社会的に健康であること」を意味します。自分がいま置かれている生活に幸福や充実感を感じることができている状態など、いろいろな意味で、幸せな状態を表す言葉です。

似たような英語に「happiness」がありますが、こちらはその瞬間に幸せを感じている状態であり、**Well-beingは持続的に幸せを感じているという意味**の違いがあります。

■感動感度にも直結するWell-beingとは？ 構成される五つの要素

厚生労働省ではWell－beingを「個人の権利や自己表現が保障され、身体的、精神的、社会的に良好な状態にあることを意味する概念」とし、その理論は次ページの図のように五つの要素から構成されています。

これらの**五つの要素で構成されたWell－being理論のことを、構成要素のイニシャルをとって「PERMA」（パーマ）と呼んだりもします**。

ほかにも幸福度の指数があり、世界幸福度報告（World Happiness Report）が六つの説明変数（一人あたりのGDP、社会的支援、健康寿命、人生の選択の自由度、寛大さ、汚職）で幸福度を計測しています。また、2020年からはGlobal Wellbeing Initiative（GWI）が世界160カ国に対してWell－beingの測定を始めました。

このように、いま世界的にWell－beingという概念が注目されてきています。この背景には、**所得の不平等よりも生活満足度の不平等のほうが人々の生活に悪影響を及ぼす**ことがさまざまな研究によって明らかになってきたことがあります。

前項で述べた感動感度も、うれしいとか感動するという意味で、このWell－beingに大きく関わってきます。

Well-beingの5要素

1 Positive Emotion

ポジティブな感情で、
うれしい、楽しい、
何かに感動すること

2 Engagement

時間を忘れて何かに没頭、
熱中すること

Well-being

3 Relationship

ポジティブな人間関係で、
援助し、援助される関係があること

4 Meaning and Purpose

自分は何のために生きるのか、
意味や目的を持って生活すること

5 Achievement/Accomplishment

何かを達成すること

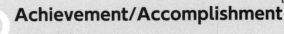

■Well－beingに果たすスポーツの役割

スポーツにはWell－beingに生きるための要素がたくさん詰め込まれています。サッカーをするために日本からドイツへ渡ったことがある選手の話を紹介します。

彼がプレーしていたのはドイツ6部リーグ、日本でいうところの地域リーグで、J1から数えて六つ下のリーグです。

日本で6部リーグというと、ただの社会人サッカーという印象がありますが、ドイツでは違います。まず、ドイツにはそれぞれの市や町村に、複数のサッカークラブがあります。所属しているリーグは上から下までそれこそピンキリですが、各チームが自分たちのグラウンドやクラブハウスを持っているのです。

そのため、週末になると住民が自分の住むまちのクラブの試合へと足を運び、観戦・応援します。もちろん上位のリーグに所属しているチームのほうがサポーターは多いのですが、6部リーグのチームにも毎週応援しにくるようなサポーターがいるそうです。

そして、勝とうが負けようが、試合後にはサポーター同士でお酒を酌み交わし、

「あのプレーはよかった」

「あのチャンスはこう動いたほうがいい」

など、サッカー談義に花を咲かせて、

「明日からまた仕事をがんばろう」

と家路に就くそうです。

それがドイツのどのまちでも一般的な光景ですし、ドイツだけでなく他のヨーロッパ諸国や南米の国でも同じような環境があります。

彼が所属していた6部のチームにもサポーターがいて、スーパーで買い物をしているときに、そのチームのアカデミーの子やサポーターに声をかけられることもよくあったようです。日本では考えられない光景で、まちの人たちの生活にスポーツがいかに深く関わっているか、選手とまちの人たちがリスペクトしあっているかがわかります。

このようにスポーツには、まちの人々の生活に融合されていくことによってWell－beingに生きていけるようになっていく力が備わっているのです。

極論になってしまいますが、スポーツによってWell－being理論を構成している「PERMA」をすべて満たすことも可能でしょう。そのくらいスポーツが持つ役割というのは大きなものなのです。

■Well－beingを体現することが、許容力・包容力を高めてくれる

実は、Well－beingは人の「器の大きさ」とつながっています。

「器の大きさ」をわかりやすく言い換えると、「許す力、許容力・包容力」です。うまくいっていない状況を許し、平然と振る舞うことができる、どっしりとかまえていられる許す力が強い人だといえます。ここでは〝反面教師〟の例を紹介しましょう。

どのチームの監督かは示しませんが、プロ野球の監督でもこの許す力が弱い人がいます。その監督は、とにかく選手の失敗を責めることが頻繁にありました。

部活などのスポーツの現場で、練習や試合が終わったあとにミーティングと称した〝叱責タイム〟があることを見聞きしたことはありませんか。その監督は、それと同じことをプロの世界でも行っていました。

プロ野球の選手は職業として野球を選び、野球界から選ばれてその球団に属しています。実績やプライドのない選手なんていません。その選手がアマチュア野球のようにチームメイトの前で叱られたらどうなるでしょうか。当然、次の日からは失敗して叱られるのが嫌で、チャレンジをするプレーが少なくなり、安全なプレーを選んでしまいます。そうなると選手の積極性はどんどん失われ、選手が伸びないからチームの成績も伸びないという悪循環に陥ってしまうのです。

そうではなく、許す力が強い〝器の大きい〟監督は、

「ミスはミスで、しかたがない。では、次にミスしないようにどうやっていくのか」

と**素早く気持ちを切り替えて、次の成長のための言葉がけができる**のです。

会社でも同じことがいえます。上司の許す力が弱いと、部下のミスに対してすぐに皆の前でとがめます。そうすることで部下は積極性を失い、叱られないように仕事をこなすようになり、成長も止まるのです。

そうではなく、失敗に対して改善点を探し、次に同じ失敗をしないように、また新たなチャレンジができるように失敗を許す力が大切になります。

許す力が弱い人の周りにはネガティブな感情が渦巻いています。失敗したくない、叱られたくない、チャレンジするのが怖い。そんな環境のなかでWell－beingになれるでしょうか。Well－beingはポジティブな感情のなかで初めて生まれるもの。「器の大きさとWell－beingが地続きの関係にある」とはそういう意味なのです。

人の心をつかめる力を持つこと

本当に稼げる人になるために必要な能力は、IQなどの数字で表せるものではありません。前項に示した「器の大きさ」を持つ能力が必要なのです。

言葉を換えると、それは「人たらしの能力」といえるかもしれません。**「人たらし」とは人の心をつかむのがうまく、不思議と多くの人を惹きつける人のこと**。金持ちというよりも〝人持ち〟、**周囲にどれだけ人が集まるか、集めることができるかが重要**なのです。

お金は自分で生み出すというよりも、人が運んできてくれる。私自身もそのように考えています。

■人が集まるところにしか、お金は集まらない

目の前のお金を追いかけていては、稼げる人にはなれません。確かに一時的には手もとにお金が入るかもしれません。しかし、それは持続しません。**人をどれだけ集められるかが、お金を持続的に稼ぐためには重要**です。何か新しい事業やチャレンジをするときに、

「この人に頼んだらうまくいきそうだね」

という人を集めるのです。それも、それぞれ違った得意分野、技術、スキルなどを持った人が集まるほうがいいのです。

しかし、実際には人が集まってくる人はなかなかいません。それは、人を集める目的がお金儲けのためだからです。そうではなく、お金はあくまでも自然に稼げるもの。**お金稼ぎが先に来ては、人は集まらない**のです。

では、人たらしの能力とは具体的にはどのようなものなのでしょうか。それは**人に自分や物事の魅力を伝える能力、ワクワクする未来や志を高く持ち、それを周りに共有することができる能力**です。**人たらしの能力も、まさに数字では示すことができない非認知能力**

の一つといってもいいでしょう。

ＩＱが２００であったり偏差値が70を超えたりしていても、それだけでは人は集まりません。頭がいい人の周りには、同じように頭のいい人が集まります。しかし、それは単に学力が高いから人が集まるわけではなく、その人に**学力では測り得ない魅力がある**からです。

きっと、一流大学を出て認知能力にすぐれ、なおかつ人たらしの能力に長けている人の周りに集まった仲間で新しい事業を始めたら、とても素晴らしいものができ上がり、お金も回る。私はそう思っています。

本来、人や情報、お金は、集めようとして集まるものではありません。**「集める」のではなく「集まる」ように自分を変えていく**のです。特にアスリートは現役生活から引退すると、自分を変えなければいけない場面に直面します。そこで挫折してしまう人がいるのも事実ですが、もっと気持ちを前向きに保ち、自分が現役生活で獲得した非認知能力を強みとして発揮していけば、私は「人や情報、お金を集めるスキル」は身についていなくても、**「人や情報、お金が集まるスキル」は十分に備わっている**と考えています。

これは元アスリートに限らず、若い頃スポーツに情熱を傾けた人に共通するスキルであり、能力であり、知恵であるといってもいいでしょう。そして私は、そのスキル・能力・知恵を備えた人物がこれからのビジネスや経済を牽引していくと確信しています。

エピローグ

認知能力と非認知能力をバランスよく発揮させる

私の実体験ですが、会社勤めをしていた頃に、私は出世コースを邁進《まいしん》することで頭がいっぱいでした。誰よりもうまく仕事をこなし、誰よりも早く部長になって、一円でも多く家に持って帰ろう。そんなことばかり考えていました。

いま思えば不遜で失礼な話ですが、

「同期・同僚に負けるわけがない」

とさえ思っていました。

会社勤めの頃の私の価値観は社会的成功のことばかりで、人間的成功の価値観がまったくなかったのです。そして、キッカケはどんなことだったか忘れましたが、あるとき気づいたのです。幸せとは社会的成功だけでなく、いろいろな種類があるということを……。私は大きな勘違いをしていたことに気づいたのです。

たとえば資産を何億円持っていても周囲に人がいない、家族もいないといった人が私の知り合いにいます。その人は奥さんと離婚をしているので、家に帰ったら独りだそうです。稼いだお金のうち、一千万単位の額を奥さんと子どもに渡し、それ以外は手もとに残っています。

「お金には不自由しないけど、俺は幸せをまったく感じないな」

と、ポツリと独り言のように語っていました。

人生で何ができているときに幸せと感じるか。私は**いちばん守りたいものが守れているときだ**と思います。守りたいものとは仕事かもしれないし、家族かもしれない。もしかしたら趣味かもしれないし、お金かもしれません。状況により守りたいものが変わるかもしれません。いずれにしろ、その人にとっての**いちばん守りたいものを守ることができる環**

境で生活ができているということを幸せと呼ぶのだと思います。

ですから、どんな人も、自分の幸せは何かという定義をしなくてはいけません。自分にとっての幸せを定義し、それを守るためには、お金が必要かもしれません。しかし、**お金を稼ぐことに精いっぱいになって、幸せの定義が崩れてしまっては本末転倒**です。

会社も同様です。企業理念の実現と利益の追求、このバランスがとても重要なのです。そして「能力」も実は同様なのです。認知能力の高さだけを幸せの定義としていたら、最も学力の高い一人の成功者のほかは、全員敗者となってしまいかねません。数字には示すことができないけれど、**認知能力と非認知能力のバランスがとれていてこそ、人は幸せを感じることができる**のではないでしょうか。

中田仁之（なかた　ひとし）
株式会社 A.B.United 代表取締役／中小企業診断士
株式会社S.K.Y. 代表取締役

1969年大阪生まれ。幼少期より野球一筋、関西大学在学時には体育会準硬式野球部に所属、4回生の夏に大学選抜メンバーに選出され海外遠征を経験。「JAPAN」のユニフォームに袖を通し、海外で君が代を歌う経験を持つ。

卒業後は一部上場企業に入社、コンサルティング営業を経て独立、2012年に株式会社S.K.Y.を設立。主な事業は販売促進に関するプロデュース業及び営業力強化・人材育成等のコンサルティング、さらに経営者やリーダー向けのビジネス講座の開催など、企業からの講演、リーダー育成プロジェクトの開発などの依頼が殺到している。

2020年5月、アスリートのネクストキャリアを教育から就職・独立まで一貫して支援する「日本営業大学」という日本初の機関を設立、2022年５月には「Athletes Business United®」（ＡＢＵ）に改称し、アスリートが持つ「非認知能力」の高さを実感、現役・引退、競技歴などを問わず、幅広いアスリート受講生を支援、高い非認知能力をより発揮させることに貢献する。

装丁デザイン／齋藤稔（ジーラム）
組版／イノウエプラス
校正／永森加寿子、株式会社BALZ
編集／菱田編集企画事務所

非認知能力

トップアスリートに学ぶ活躍できる人の条件

初版1刷発行 ●2023年4月20日
2刷発行 ●2023年6月16日

著　者　中田仁之
発行者　小田実紀
発行所　株式会社Clover出版
〒101-0051　東京都千代田区神田神保町3丁目27番地8 三輪ビル5階
TEL 03-6910-0605
FAX 03-6910-0606
https://cloverpub.jp
印刷所　日経印刷株式会社

ISBN978-4-86734-140-7　C0034